Christina Zacker / Sonja Mutter

Die Fatburner-Diät

- Fatburner – die natürlichen »Fettkiller«
- 3 Kilo pro Woche abnehmen
- Über 100 leckere Rezepte

midena

Inhalt

Fatburner stellen sich vor

Auf der Suche nach dem Wohlfühlgewicht

Stützpfeiler jeder Diät

Einmal aussehen wie ein Model!

Wir träumen doch alle davon, schlank und rank zu sein. Aber leider klappt das nur selten. In Deutschland haben viele Menschen Übergewicht. Ein Drittel der Bundesbürger weist sogar ein Körpergewicht auf, das weit über der Norm liegt und deshalb für die Gesundheit, aber auch für die Leistungsfähigkeit von Nachteil ist. Umgekehrt hält sich jeder Zweite für zu dick, obwohl er es eigentlich gar nicht ist. Der Wunsch nach einer »guten Figur« erfasst jeden einmal. Wird uns doch täglich in den Fernsehwerbespots vorgeführt, wie toll und erfolgreich schlanke Frauen und Männer sind.

Diäten sind deshalb heute selbstverständlich geworden. Es gibt kaum eine Frau, die nicht ständig »auf Diät« ist, und auch immer mehr Männer lassen sich vom Schlankheitswahn anstecken: Diät halten, fasten, sich einseitig ernähren wird zur zwanghaften Handlung. Abnehmen um jeden Preis heißt die Devise – die oft sogar zur Sucht wird. Wer aber häufig zwischen Diäten und normalem Essen hin und her wechselt, ist gesundheitlich extrem gefährdet: 90 Prozent der Männer und Frauen, die vier oder mehr Diäten gemacht haben, leiden unter Essstörungen: Anfälle von Heißhunger, übertriebenes Verlangen nach Süßigkeiten, Essen aus Langeweile sind bei ihnen der Regelfall. Drei bis sechs Prozent der Frauen und immerhin ein bis zwei Prozent der Männer leiden sogar unter Bulimie.

»Zehn Pfund in sieben Tagen!« Oder noch besser: »Jeden Tag ein Kilo!« – Solche Versprechungen, die manche Diäten Ihnen vorgaukeln, können gar nicht stimmen. Nicht nur deshalb, weil jeder Mensch auf jede Diät anders reagiert, sondern auch, weil der »Rettungsring« um Bauch und Hüften, den man sich in vielen Jahren angegessen hat, nicht einfach in ein paar Tagen verschwinden kann. Das ist schlicht und einfach unmöglich!

Schlimmer noch: Es ist gefährlich, solche Crashdiäten auszuprobieren – sie machen krank. Lebenswichtige Stoffe wie z. B. Vitamine und Mineralstoffe bleiben dabei auf der Strecke. Vom Spaß am

Essen mal ganz zu schweigen! Dazu kommt der Jojo-Effekt: Wenige Wochen später sind die Kilos wieder drauf – und meist noch ein paar mehr dazu.

Wenn Sie Ihren Speiseplan jedoch ausgewogen zusammenstellen und sich nicht einseitig ernähren, sind alle Fett abbauenden Substanzen eigentlich ausreichend vorhanden. Viel frisches Obst und Gemüse, viele Vollkornprodukte und möglichst abwechslungsreiche Kost reichen normalerweise aus, um all jene Biostoffe zu bekommen, die uns schlank und rank machen – und gesund!

Und das schaffen Sie mit unserer Fatburner-Diät, die schmeckt. Ein anderes Patentrezept können wir Ihnen auch nicht anbieten. Leider kommen Sie nur mit Bedacht und Geduld ans Ziel. Dafür aber dann sicher – und dauerhaft!

Das Schöne an dieser Fatburner-Diät: Sie werden Spaß daran haben, denn Sie müssen auf nichts verzichten. Und Sie werden Ihre Wunschfigur bekommen. Der Clou dabei: Hin und wieder dürfen Sie sogar heiß geliebte und oft strikt verbotene Leckereien naschen. Sie werden trotzdem abnehmen und Ihr Gewicht auf Dauer halten. Unsere Fatburner-Diät verhilft nicht nur zu weniger Kilos auf der Waage, sondern ist gleichzeitig der Einstieg in eine bessere und gesündere Ernährungsweise, nach der Sie ohne Probleme den Rest Ihres Lebens leben können. Und zwar mit Spaß am kulinarischen Genuss und mit dem guten Gefühl, auf nichts verzichten zu müssen – und gesund und schlank zu sein.

Wir wünschen Ihnen viel Spaß beim Durchhalten.

Christina Zacker und Sonja Mutter

Fatburner stellen sich vor

Bestimmte Stoffe in der Nahrung sorgen dafür, dass Nahrungsfett in die Körperzellen wandert, um dort in Energie umgesetzt zu werden. Diese Fatburner fördern jedoch nicht nur den Abtransport, sondern sind selbst an der Fettverbrennung beteiligt. Mit ihrer Hilfe können Sie Speckpolster gezielt abbauen – lesen Sie wie.

Biostoffe, die das Fett zum Schmelzen bringen

Wir kennen eine ganze Reihe an Biostoffen, die unserem Körper helfen, Fett schneller abzubauen. Dazu zählen Vitamine, Eiweiße, Hormone oder Enzyme, die entweder als Einzelsubstanz oder gemeinsam an der Fettverbrennung beteiligt sind. Oft kommt das

eine ohne das andere nicht aus. So werden Fett abbauende Hormone z. B. ohne Vitamin C nicht produziert. Mit dessen Hilfe entsteht das Stresshormon Noradrenalin, das in hektischen Situationen besonders viel Fett in Energie umwandelt.
Vitamin C ist uns vor allem als Hilfsmittel gegen Erkältungen und als Schutz vor Infektionen ein Begriff. Aber dieses Allroundvitamin kann noch viel mehr – es gehört zu den Biostoffen, die Fett am besten aufspalten. Vitamin C ist also ein echter Fatburner! Essen Sie viel frisches Obst und Gemüse, versorgen Sie Ihren Körper ausreichend mit diesem Vitamin – und das auf ganz natürliche Art.

Geldverschwendung

Sinnlos ist, Vitamin C aus der Apotheke »künstlich« zuzuführen. Mehr als 1,5 bis 5 Gramm Vitamin C kann der Körper nämlich nicht speichern. Das überschüssige Vitamin C wird sofort und ungenutzt über die Nieren ausgeschieden.

Die Transporteure Cholin und Carnitin

Cholin gehört zu den B-Vitaminen und ist Bestandteil der Schutzhülle aller Nerven- und Gehirnzellen. Ohne Cholin wird das Cholesterin in diesen Zellen ranzig, was den Durchfluss von Fett fressenden Substanzen erheblich bremst. Diese gelangen dann nicht mehr in ausreichender Zahl in die Fettzellen. Cholin macht den Fatburnern somit den Weg frei, um an ihren Einsatzort zu gelangen. Man findet diesen Biostoff in Leber, Fleisch, Eigelb, Blumenkohl und Sojaprodukten.
Der gegenwärtig am häufigsten gehandelte Fatburner ist L-Carnitin. Es reguliert unseren Stoffwechsel, indem es von vornherein verhindert, dass sich zu viel Fett im Blut ansammelt. Das ist besonders bei Muskelzellen wichtig, denn werden diese mit Fett überschwemmt, machen sie schlapp. Auch L-Carnitin transportiert – unter Mithilfe von Cholin und Vitamin C – das Fett in die »Brennkammern« unserer Körperzellen und wandelt sie in Energie um. Es spielt aber noch eine andere bedeutende Rolle für den Organismus: Es »entrümpelt« die Fettzellen von verbranntem Fettmaterial, entgiftet also unseren Körper, insbesondere die Muskelzellen.
Da der Körper selbst nur geringe Mengen L-Carnitin produziert, müssen wir es von außen mit der Nahrung zuführen. Enthalten ist es in Milch- und Fleischprodukten (lat. »carne« = Fleisch), Geflügel, Schinken, Hammel- und Lammfleisch.

L-Carnitin für das Herz

Ohne diesen Biostoff fehlt es dem Herzmuskel an Energie und Sauerstoff. Die Folgen: Die Zellen sterben ab, der Herzmuskel wird immer schwächer – eine akute Herzinsuffizienz droht.

Wo stecken Fatburner drin?

Welcher Biostoff?	In welchem Lebensmittel?
Cholin	Blumenkohl, Eigelb, Fleisch, Hülsenfrüchte, Leber, Sojaprodukte
L-Carnitin	Geflügel, Hammel, Käse, Lamm, Muskelfleisch, Schinken
Linolsäure	Leinsamen, kaltgepresste Pflanzenöle
Magnesium	Hülsenfrüchte, Nüsse, Vollkornprodukte
Methionin	Eier, Fisch, Fleisch, Geflügel, Käse, Samen, Sojaprodukte
Taurin	Fleisch, Leber, Krustentiere (Austern, Krabben, Muscheln)
Vitamin C	Frisches Obst und Gemüse (Rohkost)

Omega-3-Fettsäure

Neben der Linolsäure aus Soja oder Sonnenblumen liefert auch Fisch mehrfach ungesättigte Fettsäuren. Diese Omega-3-Fettsäuren werden sogar als »Wunderpillen« gegen Gefäßerkrankungen überteuert vertrieben. Einmal pro Woche Fisch auf den Tisch ist preiswerter und schmackhafter.

Linolsäure und Methionin verhindern die Fettaufnahme

Linolsäure ist eine Fettsäure und in pflanzlichen Ölen enthalten. Sie baut die Darmschleimhaut auf. Wenn diese gesund und dick genug ist, hält sie sehr viel Nahrungsfett bereits bei der Verdauung zurück. Dieses Fett wird dann sofort in Energie umgewandelt. So wirkt Linolsäure indirekt auf den Fettabbau. Außerdem senkt sie den Triglyzerid- und Cholesterinspiegel im Blut erheblich. Besonders viel Linolsäure findet sich in Leinsamen, geringe Mengen sind auch in tierischem Fett enthalten.

Methionin dagegen ist ein essenzieller Eiweißbaustein, der Schwefel enthält. Zum einen ist er dadurch Bestandteil von Carnitin, zum anderen produziert er das aufputschende Adrenalin. Wenn Sie übergewichtig sind und oft ohne Antrieb, dann liegt es vielleicht an einem Mangel an Methionin. Zusammen mit den B-Vitaminen Cholin, B_6 und Folsäure lässt er zu viel Fett in den Körperzellen einfach nicht zu und greift die überflüssigen Speckpolster radikal an. Damit ist dieser Biostoff der eigentliche Motor des Fettabbaus. Besonders viel Methionin ist in Eigelb, Fleisch, Geflügel, Leber, Fisch, Sojaprodukten, Käse, Jogurt und Linsen enthalten.

Taurin hilft Ihnen beim Abspecken

Taurin ist ebenfalls ein Eiweißstoff bzw. eine Aminosäure und besteht aus den schwefelhaltigen Eiweißbausteinen Methionin und Cystein. Wer also an Methioninmangel leidet, hat automatisch auch einen Taurinmangel. Taurin sorgt dafür, dass die Hirnanhangsdrüse ausreichende Mengen solcher Hormone wie z. B. das Wachstumshormon produziert, die beim Abspecken helfen.

Je mehr Taurin dem Körper zugeführt wird, desto größer ist die Leistungsfähigkeit dieser Drüse. Nachts ist der Bedarf an Taurin besonders groß, da die Hirnanhangsdrüse in dieser Zeit am stärksten arbeitet.

Umgekehrt kann mangelndes Taurin bei Frauen zu Übergewicht führen. Denn das weibliche Hormon Östrogen hemmt die Produktion dieses Biostoffes in der Leber – der Stoffwechsel wird verlangsamt. Ist dies der Fall, nehmen wir natürlich schneller zu. Deshalb sollten vor allem übergewichtige Frauen Lebensmittel mit hohem Tauringehalt bevorzugen. Taurin hat zudem noch eine weitere Funktion beim Fettstoffwechsel: Es produziert Gallensäure, die einen großen Einfluss auf die Fettverbrennung hat. Taurin findet sich in Krustentieren wie Krabben, Muscheln und Austern sowie in Fleisch und Leber.

Falsche Ernährung

Wer zu wenig Wachstumshormone im Blut hat, leidet oft unter Übergewicht. Das liegt an einer falschen Ernährung. Denn das Wachstumshormon benötigt viel Eiweiß, sonst kann es nicht arbeiten. Wer also ausreichend Eiweiß zu sich nimmt, kann die Funktion dieses Hormons ankurbeln.

Das Hungerhormon Leptin

Dieses Eiweißhormon wird von den Fettzellen produziert und steuert das individuelle Sättigungsgefühl. Hat der Körper viele Fettzellen, bildet er auch viel Leptin, was ihm signalisiert: Du hast momentan keine Notzeiten, du brauchst weniger Nahrungsmittel. Sind jedoch umgekehrt die Fettreserven z. B. nach längeren Hungerperioden erschöpft und der Leptinspiegel im Körper gesunken, schaltet der Körper auf ein »Überlebensprogramm« um. Dazu gehören ein stärkeres Hungergefühl, die Drosselung des Fortpflanzungstriebes sowie die Produktion von Schilddrüsenhormonen.

Hormone lenken den Stoffwechsel

Um richtig zu funktionieren, braucht unser Körper Energie, also Nahrung. Der Stoffwechsel sorgt dafür, dass die Lebensmittel und ihre Inhaltsstoffe in körpereigene Stoffe »umgebaut« und somit in Energie umgewandelt werden. Das geschieht beim Essen und beim Verdauungsvorgang. Damit unser Stoffwechsel richtig funktioniert, werden vom Gehirn bestimmte Hormone ausgeschüttet. Jedes dieser Hormone, die man auch Botenstoffe nennt, hat eine andere Aufgabe. Grundsätzlich dienen sie alle als Träger von Informationen. Sie aktivieren auch die Enzyme. Man unterscheidet zwischen Hormonen, die Fett einlagern und solchen, die Fett abbauen. Zur ersten Gruppe gehört Insulin.

Wunderwaffe Enzym?

Da sie im Stoffwechsel wichtig sind, setzt man sie oft als »Wunderwaffe« gegen Übergewicht ein. Das ist aber unsinnig: Nahrungsenzyme werden nach der Aufnahme im Körper verdaut, also abgebaut. Dadurch geht ihre Wirkung verloren.

Insulin und seine fatale Wirkung

Beim Stoffwechsel werden zunächst die Kohlenhydrate in den Fettzellen abgelagert, erst später folgen Eiweißbausteine und die Fettmoleküle. Die Bauchspeicheldrüse schüttet Insulin aus und gibt damit den Enzymen den Auftrag, die Fettmoleküle in winzige Teilchen aufzuspalten, um bei der Verwertung der Nahrung zu helfen. Durch die Aufspaltung gelangen diese Teilchen besonders leicht und schnell in die unschönen Polster an Hüfte und Bauch. Damit nicht genug: Die Fettzellen warten nämlich geradezu auf Nachschub, und dieser setzt sich dann besonders gut fest – jedenfalls dann, wenn Sie keine vollwertige Kost zu sich nehmen.

Das Paradoxe daran ist, dass nicht die eiweiß- und fettreichen Lebensmittel die Fetteinlagerung vorbereiten, sondern die zuckerhaltigen Nahrungsmittel wie Kuchen und Süßigkeiten.

Essen Übergewichtige diese kohlenhydratreichen Lebensmittel, steigt ihr Blutzuckerspiegel an. Die Insulinproduktion wird angeregt und die Fetteinlagerung begünstigt. Normalgewichtige jedoch brauchen das Insulin zur Regulierung des Blutzuckerspiegels. Essen sie kohlenhydratreich, wird ebenfalls automatisch Insulin in den Körper abgegeben – der Blutzuckerspiegel sinkt aber.

Hormone, die das Fett verbrennen

Das Wachstumshormon ist dafür zuständig, dass in der Nacht das tagsüber in den Fettzellen gesammelte Fett frei wird und in den Körperzellen in Energie umgewandelt werden kann. Dieser Vorgang beginnt etwa eine Stunde nach dem Einschlafen und dauert die ganze Nacht. Glukagon, das in der Bauchspeicheldrüse gebildet wird, sorgt für die Bereitstellung von Energie, wenn der Blutzuckerspiegel unter eine bestimmte Marke fällt. Diese Energielieferung setzt große Fettmengen aus den Fettzellen frei.

Kortisol und Adrenalin unterstützen beide das Glukagon. Sie sind besonders »gierig« auf Fett und könnten – theoretisch jedenfalls – den unschönen Hüftspeck an einem einzigen Tag »auffressen«. Die Schilddrüsenhormone regulieren den Fettabbau im Körper dagegen gemäßigter. Die Arbeit der Schilddrüse kann man durch die Ernährung beeinflussen: Bestimmte Nährstoffe – vor allem Jod – sorgen für ein gutes Funktionieren. Sichern Sie eine ausreichende Versorgung an Jod durch die Verwendung jodierten Speisesalzes beim Kochen. Neben Jod ist der Eiweißstoff Tyrosin wichtig für die Schilddrüsenhormone. Tyrosin ist in eiweißreicher Nahrung wie in Sojaprodukten oder Käse enthalten.

Unterstützung

Vitamin C in Obst und Gemüse und Vitamin B_6 in magerem Fleisch, Vollkornprodukten, Sojasprossen und Nüssen, sind wichtig für das Wachstumshormon. Mit dieser Unterstützung kann es besonders viel Fett abbauen.

Magnesium aus der Vollkornküche

Enzyme bewirken fast jede Reaktion in unseren Körperzellen. Diese Eiweißstoffe regeln unter anderem die Verdauung und damit die Fettverwertung. Magnesium ist ein Bestandteil von Enzymen, die Fett verzehrende Nervenreizstoffe binden. Das Mineral sorgt dafür, dass der Stoffwechsel in den Zellen möglichst schnell angekurbelt wird. Magnesium findet sich in Nüssen und Hülsenfrüchten, vor allem aber in Vollkornprodukten. Bei der Mehlherstellung gehen jedoch durch das Abtrennen der Keimschale mehr als 80 Prozent Magnesium verloren. Essen Sie deshalb wenig Produkte aus weißem Mehl und bevorzugen Sie die Vollkornvariante!

Eiweiß für die Hormone

Sowohl Glukagon als auch das Wachstumshormon brauchen viel Eiweiß, sonst können sie nicht arbeiten. Wer also viel Eiweiß und damit Aminosäuren zu sich nimmt, kann die Funktion der Hormone ankurbeln.

Auf der Suche

nach dem Wohlfühlgewicht

Übergewicht entwickelt sich meist langsam und stetig. Eine jahrelange verkehrte Lebensweise sowie falsche Ernährungsgewohnheiten führen zu den unerwünschten Pfunden. Ab einer bestimmten Gewichtsmarke wird es kritisch – für die Psyche wie auch die Gesundheit. Dann gilt es zu handeln.

Gene steuern die Nahrungsaufnahme

Viele Menschen sind der Meinung: Wer zu dick ist, ist selbst schuld. In den Köpfen hat sich festgesetzt, Dicke seien einfach undiszipliniert und würden natürlich auch keinen Sport treiben. Das mag auf manche Übergewichtige zutreffen. Doch Ernährungsexperten und

Forscher wissen heute: Die Gene sind schuld an der Dickleibigkeit mancher Menschen. In Tierversuchen haben Wissenschaftler herausgefunden, dass sechs bis sieben Gene unser Körpergewicht regulieren. Den Untersuchungen zufolge steuern Gene, wie viel man isst, wie viel Appetit man hat, und wann man satt ist. Defekte Gene führen zu Fettansatz. Das bedeutet, dicke Menschen sind oft nicht »selbst schuld« an ihrem Übergewicht, an ihrer »pfundigen« Figur. Dicke Menschen haben ganz einfach Pech mit ihren Genen. Doch auch sie können mit der richtigen Ernährung einiges dagegen tun.

Fett durch Gendefekt

Von »krankhafter Fettleibigkeit« sprechen die Ärzte, wenn jemand mehr als 40 Kilogramm Übergewicht hat. Bei diesen Menschen liegt – so vermutet man – ein Gendefekt vor, der verhindert, dass die Fettverbrennung im Körper normal abläuft.

»Gute« und »schlechte« Futterverwerter

Mit Sicherheit ist es auch genetische Veranlagung, mit welcher Effektivität man die Nahrung verarbeitet. Ein Fünftel aller Übergewichtigen hat es deshalb besonders schwer: Das sind die so genannten »guten Futterverwerter«. Der Stoffwechsel dieser Menschen verläuft besonders ökonomisch, ihr Körper verbrennt die Nahrung einfach optimal: Er wandelt besonders viele Kalorien in Fett um, um sie auf diese Weise zu speichern. Bei schlanken Menschen hingegen, den »schlechten Futterverwertern«, verpuffen täglich rund 400 Kalorien ungenutzt und werden als Wärme abgegeben.

Mangelernährung trotz Speckansatz

Viele dicke Menschen leiden unter Mangelernährung – auch wenn das kaum vorstellbar scheint. Hauptkennzeichen dafür ist ein ständiges Hungergefühl. Neueste Erkenntnisse zeigen auch die Ursache dafür. Übergewichtige haben einen anderen Stoffwechsel als Schlanke. Bei ihnen wandert die aufgenommene Energie ins Körperfett und nicht dorthin, wo sie eigentlich benötigt wird, nämlich in die Muskelmasse. Genau deshalb leiden Dicke unter dem 11-Uhr-Loch, »brauchen« nachmittags ihr Kuchenstückchen und den Snack beim abendlichen TV-Programm.

Fettzellen bleiben

Einmal angelegte Fettzellen bleiben erhalten. Bei einer Schlankheitskur können diese Zellen zwar schrumpfen – doch sie warten nur darauf, möglichst schnell wieder gefüllt zu werden.

Woher kommt das Übergewicht?

Das macht dick

Wer zu viel isst, wird dick. Aber auch andere Faktoren wie Bewegungsmangel oder die Kombination aus einem Zuviel an Nahrungszufuhr und zu wenig Bewegung führen zu Übergewicht. Wir haben den Instinkt verloren, der uns sagt, wann wir wie viel essen sollen.

Immer dann, wenn Sie mehr essen, als Ihr Körper an Energie verbraucht, nehmen Sie zu. Tag für Tag, Woche um Woche, Monat für Monat. Statistisch betrachtet nimmt jeder Bundesbürger im Durchschnitt jeden Tag mehr als 3400 Kalorien zu sich! Das ist bei einem Durchschnittsbedarf von 2800 Kalorien eindeutig zu viel. Der Körper legt sich Fettdepots an, um für Notzeiten genügend Reserven zu haben. Doch solche Notzeiten – wie sie früher z. B. nach dem Krieg herrschten – sind heute eher die Ausnahme.

Sind Frauen dicker als Männer?

Frauen besitzen – grundsätzlich von der Veranlagung her – weniger Muskelzellen als Männer. Das bedeutet, sie verbrennen weniger Kalorien. Frauen sind so »angelegt«, dass sie Fett möglichst schnell und sicher speichern können. Der Grund liegt in den Hormonen: Frauen brauchen mehr Fett als Männer, um fruchtbar zu bleiben. Frauen legen in der Pubertät, bei der Menstruation, in der Schwangerschaft und in den Wechseljahren oft an Gewicht zu. »Schuld« daran ist das Hormon Östrogen.

Östrogene sorgen dafür, dass Fett besonders dort angelagert wird, wo wir es am wenigsten haben wollen: an Hüfte, Oberschenkeln und am Po. Sie führen außerdem dazu, dass sich im Körpergewebe zusätzlich Wasser ansammelt. Das merkt fast jede Frau vor ihren »Tagen«: Diese Wassereinlagerung ist nämlich dann am größten und Gewichtszunahmen von ein paar Kilos sind recht häufig.

Krebsgefahr

Stark übergewichtige Frauen bekommen wesentlich häufiger Brust-, Gebärmutter- und Gallenblasenkrebs.

Dicke Männer leben gefährlich

Männer haben es bezüglich ihrer Figur auf den ersten Blick besser. Sie nehmen leichter ab als Frauen. Der männliche Körper reagiert einfach schneller auf jegliche Ernährungsumstellung – also auch bei Diät – und auf körperliche Aktivitäten. Männliche Fettzellen sind kleiner als die weiblichen, können somit auch nicht so viel Fett einlagern. Das männliche Geschlechtshormon Testosteron baut Fett

ab und fördert außerdem noch den Aufbau von Muskelzellen. Deshalb nehmen Männer eher am Bauch zu und nicht an Po, Hüfte oder Oberschenkeln.
Diese Gewichtszunahme ist allerdings viel gefährlicher, denn der berühmt-berüchtigte »Bierbauch« besteht aus reinem, überflüssigem Fett. Der Körper kann es nicht verwerten – so wirkt es sich negativ auf Herz und Kreislauf aus. Übergewichtige Männer sollten deshalb eher abnehmen als Frauen. Und das ist der gerechte Ausgleich: Frauen vertragen ruhig mal ein paar mollige Kilos zu viel – die sind dann noch lange nicht gesundheitsgefährdend.

Abschied von alten Gewohnheiten

Der erste Schritt weg vom Übergewicht ist es, wieder zu lernen, auf den Körper zu hören und wegzukommen von dickmachenden Gewohnheiten. Unterscheiden Sie, ob Sie wirklich Hungergefühle verspüren oder nur Lust auf etwas Ess- oder Trinkbares haben. Essen Sie nicht, weil es gerade Mittag ist oder alle anderen essen. Vermeiden Sie es, aus Langeweile etwas in sich hineinzustopfen und den Teller um jeden Preis zu leeren. Auch die Reste im Kühlschrank, die kurz vor dem Verfall stehen, sollten Sie in dieser Hinsicht ignorieren.

Sündigen erlaubt

Wer ab und zu über die Stränge schlägt, legt gewiss nicht so viel zu, dass man bereits von Übergewicht sprechen kann – kleine »Schwächeanfälle« sind also durchaus drin und tun der Seele gut.

Die guten Seiten des Östrogens

Frauen sind durch den monatlichen Zyklus viel eher hormonellen Schwankungen unterworfen als Männer. Vor allem aufgrund des Hormons Östrogen lagern Frauen schneller Wasser ein und setzen eher Fett an. Die Vorteile dieses Hormons überwiegen jedoch. Verbunden mit Bewegung und Kalzium aus der Nahrung schützt Östrogen vor der gefürchteten Osteoporose (Knochenentkalkung) im Alter, verhindert Ablagerungen in den Gefäßen und verzögert die altersbedingte Gefäßverkalkung. Und auch die höhere Lebenserwartung der Frauen soll auf das Konto von Östrogenen gehen.

Das statistische Idealgewicht

Ärztliche Aufsicht

Ist der BMI größer als 30, stellt dies eine ernsthafte Gefährdung der Gesundheit dar. Dann sollte man unter keinen Umständen ohne ärztliche Aufsicht abspecken.

Bis vor einigen Jahren gab es eine ganz einfache Rechnung, um das Normalgewicht festzustellen: die Broca-Formel. Danach rechnete man Körpergröße in Zentimetern minus 100 – das ergab das Normalgewicht in Kilogramm. Für das Idealgewicht zog man bei Männern zusätzlich 10 Prozent, bei Frauen 15 Prozent ab. Ernährungswissenschaftler haben jedoch festgestellt, dass bei Berechnungen nach der Broca-Formel kleine Menschen zu oft als übergewichtig eingestuft werden, große Menschen dagegen zu selten. Als grobe Richtschnur kann die Broca-Formel aber immer noch dienen.

Heute berechnet man das richtige Gewicht besser nach dem so genannten BMI – dem Body-Mass-Index. Dies ist eine Methode, die zwar auf den ersten Blick kompliziert scheint, es aber gar nicht ist. Sie setzt vor allem das Gewicht in die richtige Relation zur Körpergröße.

So berechnen Sie Ihren BMI

Körpergewicht in Kilogramm / (Körpergröße in m)^2 = BMI

Ein Beispiel: Sie sind weiblich und wiegen 62 Kilogramm bei einer Körpergröße von 1,59 Meter. Ihr BMI beträgt 62 geteilt durch 1,59. Das ergibt also 62 : 2,5281 = 24,52. Mit diesem Wert liegen Sie gerade noch im Bereich des Normalgewichts. Man geht davon aus, dass bei Frauen ein BMI zwischen 19 und 24 wünschenswert ist, bei Männern ein Wert zwischen 20 und 25.

	BMI-Werte	
Gewicht	Männer	Frauen
Untergewicht	< 20	< 19
Normalgewicht	20–25	19–24
Übergewicht	25–30	24–30
Adipositas/Fettsucht	30–40	30–40

Das Durchschnittsgewicht als Anhaltspunkt

Natürlich kann man auch die Statistik wieder bemühen, um festzustellen, ob man mit seinem Gewicht noch im Normbereich liegt oder stark davon abweicht. Das Durchschnittsgewicht hat natürlich nicht unbedingt etwas mit dem Normal- oder Idealgewicht zu tun. Aber es ist doch einmal interessant zu sehen, wie sich das Gewicht – trotz annähernd gleich bleibender Körpergröße – in verschiedenen Altersstufen verändert. Die Werte ersehen Sie aus der Tabelle auf dieser Seite unten.

Belastend

Wer mehr als 10 bis 20 Prozent über dem Normalgewicht auf die Waage bringt, belastet Herz und Kreislauf sowie die Gelenke und den Bewegungsapparat deutlich stärker.

Wichtiger als alle Theorie: das Wohlfühlgewicht

Ärzte und Wissenschaftler sind sich weitgehend einig, dass es Unsinn und medizinisch nicht vertretbar ist, sich sklavisch an die vorgegebenen Werte in der Tabelle des Normal- oder Idealgewichts zu halten. Mit dem BMI haben Sie zwar einen relativ großen Spielraum für Ihr Gewicht, dennoch ist etwas viel wichtiger: Sie müssen sich in Ihrem Körper wohl fühlen! Da können es ruhig ein paar Pfunde oder sogar einige Kilos mehr sein, als es das Ideal- oder Normalgewicht »vorschreibt«.

Durchschnittsgewicht (in kg, leicht bekleidet)

Männer	Alter							Frauen	Alter						
Größe	17–19	20–24	25–29	30–39	40–49	50–59	60–69	Größe	17–19	20–24	25–29	30–39	40–49	50–59	60–69
155	52,6	56,7	59,5	60,8	62,2	63,1	61,1	148	45,3	46,6	48,6	52,4	55,6	56,9	57,8
160	55,8	59,9	62,9	63,9	65,3	65,8	64,4	150	46,3	47,7	50,0	53,1	56,3	57,7	58,6
165	59,4	63,0	65,3	67,5	68,9	69,4	68,0	155	49,5	50,8	52,6	55,8	59,0	60,4	60,8
170	62,9	65,7	68,4	71,1	72,9	73,3	72,0	160	52,6	53,5	55,3	58,5	61,7	63,5	63,9
175	65,8	67,9	71,2	73,9	75,8	76,9	76,0	165	56,2	56,6	58,5	61,2	64,8	67,1	67,5
180	70,1	72,8	75,5	78,7	80,5	81,3	80,4	170	58,9	59,8	61,6	64,3	68,4	70,6	71,1
185	74,1	76,8	79,9	82,7	84,5	85,4	84,9	175	62,4	63,3	65,1	67,9	71,9	74,2	74,7
190	77,7	80,4	84,0	87,1	88,9	89,8	89,4	180	66,4	67,3	69,1	71,8	76,4	78,6	–
195	81,2	83,2	87,6	92,4	94,2	95,1	94,6	185	70,9	71,8	73,6	76,3	80,8	83,9	–

Stützpfeiler jeder Diät

Diät bedeutet nicht, nur die Kalorienzufuhr zu drosseln. Damit die Pfunde so richtig purzeln, sollten Sie sich regelmäßig bewegen. Sport, noch besser Ausdauersport, sind ideal, steigern den Energieverbrauch und kurbeln den Stoffwechsel an. Lesen Sie, was man noch tun kann, um die Schlackenstoffe zu »entsorgen«.

Viel trinken – das A und O

30 bis 40 Tage kann ein Mensch ohne feste Nahrung auskommen, ohne Flüssigkeit jedoch nur drei Tage. Unser Körper besteht zu 50 bis 60 Prozent aus Wasser. Allein Muskeln bestehen bis zu drei Viertel aus Wasser und das Blut beinhaltet 90 Prozent Wasser. Wasser ist ein Lebenselixier, seine vielfältigen Aufgaben in unserem

Körper bestehen unter anderem darin, die zugeführten Speisen aufzuquellen und sie durch den Darm zu transportieren. Dabei löst es wasserlösliche Nährstoffe aus der Nahrung und transportiert diese über das Blut in die Körperzellen. Es sorgt dafür, dass alle Abfallprodukte des Stoffwechsels über die Nieren ausgeschieden werden.

Etikett studieren

Achten Sie darauf, dass Ihr Mineralwasser nicht zu hohe Mengen an Natrium und Chlorid enthält. Beide Mineralstoffe ergeben in ihrer Verbindung nämlich Kochsalz und das bindet Wasser im Körper. Das Ergebnis können Sie von der Waage ablesen!

Viel Trinken ist unbedingt wichtig

Alle Ausscheidungsorgane, vor allem aber die Nieren, arbeiten beim Abspecken - wenn es also ans Eingemachte geht - auf Hochtouren. Beim Abbau des körpereigenen Fettes fallen vermehrt Schlackenstoffe an. Die Nieren brauchen ständig Nachschub an Flüssigkeit, sonst stellen sie ihre Arbeit ein. Und das würde unweigerlich zu Darmträgheit führen und kann sogar Vergiftungserscheinungen hervorrufen. Es kann sogar gefährlich sein, bei einer Diät zu wenig zu trinken, denn wer weniger isst, nimmt automatisch auch weniger Flüssigkeit auf. Auch in festen Nahrungsmitteln ist nämlich Wasser enthalten - in Obst und Gemüse sogar 40 bis 70 Prozent. Unser Körper braucht sein Quantum, um wirklich gut funktionieren zu können. Trinken Sie also beim Abnehmen mindestens einen Liter mehr Flüssigkeit als üblich!

Was soll man trinken?

Ein erwachsener Mensch soll täglich zwei bis drei Liter Flüssigkeit zu sich nehmen. Das muss nicht immer pures Mineralwasser sein. Aber aufgepasst! Wasser hat null Kalorien, alle weiteren Flüssigkeiten wie Obstsäfte, Alkohol oder Milch enthalten zum Teil viele Kalorien - wer abnehmen möchte, sollte das beachten! Bevorzugen Sie Getränke, die den Organismus gut durchspülen, Ihren Körper aber nicht belasten. Dazu zählen:

- Mineralwasser mit wenig Kohlensäure
- Kräuter- oder Früchtetees ohne Zucker
- Naturreine Gemüsesäfte sowie Gemüsebrühe
- Naturreine Obstsäfte (100 % Fruchtgehalt, ohne Zuckerzusatz)
- Fettarme Milch

Prickelnd oder stumm

Ohne Bedeutung – außer für Ihren persönlichen Geschmack – ist der Gehalt an Kohlensäure. Der eine mag eher stilles Wasser, der andere fühlt sich durch möglichst viel Prickelndes erfrischt.

Das Leben besteht aus Bewegung

Diese Weisheit von Aristoteles drückt den Inhalt dieses Kapitels am besten aus. Auch unsere Vorfahren wussten bereits: »Sich regen bringt Segen«. Das gilt selbstverständlich auch für Ihre Bemühungen, abzunehmen und eine gute Figur zu bekommen. Anstatt nämlich die Kalorienschraube beim Essen immer weiter nach unten zu drehen, ist es viel wirksamer, wenn Sie Ihren Kalorienverbrauch durch mehr Bewegung erhöhen.

Fangen Sie ganz langsam damit an:

- Steigen Sie die Treppen hinauf, statt mit dem Lift zu fahren!
- Radeln Sie zur Arbeit, statt mit dem Auto zu fahren!
- Gehen Sie zu Fuß zum Briefkasten!
- Verbinden Sie kleinere Einkäufe mit einem Spaziergang!

Ausdauer!

Wenn Sie regelmäßig Sport treiben, verhilft Ihnen das zu einem »schlanken Stoffwechsel«. Ausdauersport ist für Übergewichtige heute wichtiger denn je. Denn nur mit ständiger Bewegung können große Muskelmassen aufgebaut werden.

Bringen Sie Ihren Stoffwechsel auf Trab!

Schon durch diese Ihrem Körper ungewohnten Tätigkeiten wird Ihr Stoffwechsel angeregt. Tun Sie das über einen längeren Zeitraum hinweg, wird immer mehr Fett abgebaut – die Pfunde purzeln. Bei Bewegung – und natürlich vermehrt beim Sport – verbrennen die Muskeln Energie. Die entsprechenden Zellen setzen unter körperlicher Tätigkeit große Mengen Kohlenhydrate und Fett um und erzeugen das so genannte Adenosintriphosphat (ATP), das die Muskeln antreibt.

Dabei geht es nicht in erster Linie darum, Muskelpakete anzusetzen. Ganz im Gegenteil, der Hauptvorteil bei sportlicher Betätigung ist die Aktivierung des Stoffwechsels. Je mehr Muskeln gebildet werden, je mehr Muskeln in Bewegung sind, desto mehr Energie »fressen« sie. Bis es schließlich dann auch an die dafür vorgesehenen Reserven, die Fettzellen, geht.

Mit 2000 Kalorien sind Sie dabei

Wissenschaftler haben herausgefunden, dass Übergewichtige durch einen wöchentlichen Mehrverbrauch von 2000 Kilokalorien gezielt abnehmen können. Das muss nicht unbedingt in harten Trainings-

stunden erfolgen. Sie können sich durchaus auch durch Alltagsaktivitäten und moderate Anstrengungen fit machen. Ohne eigens Sport zu treiben, verlieren Sie in einer Woche 2000 Kalorien, wenn Sie

- täglich bis zu drei Kilometer Spazieren gehen (= 700 kcal),
- täglich Treppen steigen (= 300 kcal),
- wöchentlich zwei Stunden Rad fahren (= 600 kcal),
- wöchentlich zwei Stunden Hausarbeit machen (= 400 kcal).

Übernehmen Sie sich am Anfang jedoch nicht und bauen Sie Ihren Sportfahrplan langsam auf! Nur dann werden langsam aber sicher die Muskeln aufgebaut und später überschüssiges Fett im Körper gezielt abgebaut. Dafür gelten zwei Regeln:

1. Je intensiver und kürzer die Sportart ist, die Sie betreiben, desto mehr Kohlenhydrate verbrennen Sie.
2. Wenn Sie Ihren Körper geringer, dafür aber über eine längere Zeit belasten, beginnen die Muskeln, Fett zu verheizen.

Nach diesen Gesetzmäßigkeiten verbrennt ein Sprinter am schnellsten, ein Jogger dagegen am dauerhaftesten das Fett. Optimal ist eine Kombination aus beidem.

Andere Reaktionen

Es gibt Fettzellen, die bei Veränderungen schneller reagieren als andere. Diese sitzen am Oberkörper und – wichtig für die »Herren der Schöpfung« – am Bauch. Ganz schwer verlieren Sie dagegen das Fett an Armen und Beinen, insbesondere an Oberschenkeln und am Po.

So machen Sie (sich) eine gute Figur!

Leider gewährleistet sportliche Betätigung keinen gezielten Fettabbau an bestimmten kritischen Körperstellen. Nur dort, wo viele Muskelpakete arbeiten, kann auch viel verbrannt werden. Deshalb ist neben rein kräftigenden Übungen Ausdauersport wichtig. Nur so werden sehr viele Muskeln bewegt und dadurch auch vergrößert. Kräftigende Gymnastikübungen, ausreichend Kohlenhydrate und Eiweiß sind die besten Voraussetzungen, eine gute Figur zu machen. Wenn Sie dann noch Krafttraining mit Ausdauertraining kombinieren, werden Sie Körperfett sehr schnell los. Sie verhindern dadurch auch, dass Sie während der Diät abschlaffen und müde sind, im Gegenteil – Sie fühlen sich fit und voller Energie!

Nahrungsmittel und Sport richtig kombiniert

Eiweiß für Muskeln

Profis essen vor dem Training viel Eiweiß, denn während des Sports wird die Eiweißaufnahme in den Muskeln stark eingeschränkt. Fehlt Eiweiß jedoch, verheizen die Muskeln ihr eigenes Eiweiß. Für Kraft und Regenerierung ist dies jedoch sehr schlecht.

Wenn Sie sich sportlich betätigen wollen, um abzunehmen, achten Sie am besten darauf, dass Sie dem Fett erst gar keine Chance geben, sich festzusetzen. Dazu ist es wichtig zu wissen, wie man sich vor, während und nach dem Sport ernährt. Es nützt nämlich nichts, wenn Sie morgens zwar einen Waldlauf machen, aber vorher – um für die körperliche Leistung gut gerüstet zu sein – ein kohlenhydratreiches Frühstück zu sich nehmen! Der Erfolg des Abnehmens besteht in der richtigen Kombination von Bewegung und Nahrungszufuhr. Wir sagen Ihnen, welche Lebensmittel Sie am besten beim Sport und Fitnesstraining zu sich nehmen sollten:

Sportart	Ernährungstipps	Extrahinweis
Bodybuilding	■ Vorher keine eiweiß- oder fettreichen Lebensmittel essen. Beides braucht zu lang, um aus dem Darm ins Blut zu gelangen. Außerdem wird der Kohlenhydratspeicher dadurch nicht erhöht. ■ Bevorzugen Sie stärkehaltige Nahrungsmittel wie Kartoffeln, Nudeln, gekochte Karotten oder Müsli!	■ Nicht während einer Diät anfangen! Wer Diät hält, ist körperlich schon genug geschwächt und bringt dann keine Leistung mehr. ■ Muskeln bilden sich dann leider auch nicht.
Jogging	■ Essen Sie vorher ein wenig Kohlenhydrate in Form von einer Banane, einem Müsliriegel oder vier Scheiben Knäckebrot. ■ Zwischendurch sind frisches Obst und Rohkost sinnvoll.	■ Gut ist diese Sportart für Körper und Psyche. ■ 5 km pro Tag als Pensum sind sinnvoll.

Sportart	Ernährungstipps	Extrahinweis
Jogging	■ Nehmen Sie nachher ein Glas Wasser mit frisch gepresstem Zitronensaft zu sich, um die Versorgung mit Eisen zu garantieren!	■ Vorher aufwärmen! Sonst drohen häufig Muskelzerrungen oder verstauchte Knöchel.
Rad fahren	■ Essen Sie kurz vorher eine leichte Kohlenhydratmahlzeit wie z. B. eine kleine Portion Nudeln. ■ Zwischendurch empfiehlt sich ein Müsliriegel und eine Apfelsaftschorle, um den hohen Flüssigkeitsverlust auszugleichen.	■ Diese Sportart gehört zu den Ausdauersportarten und beansprucht deshalb die Muskelpartien am ganzen Körper.
Schwimmen	■ Versorgung mit Eisen und Vitamin C ist besonders wichtig, um dem Körper ausreichend Sauerstoff und somit Kraft zuzuführen. ■ Die idealen Lebensmittel sind: Leber, Fleisch, Geflügel, Fisch und Sojaprodukte sowie Karotten, Kartoffeln und Kohlgemüse.	■ Diese Sportart ist für Übergewichtige ideal. Sie kräftigt die Muskeln, entspannt den Körper, kräftigt den Kreislauf und stärkt die Rücken- und Bauchmuskulatur. ■ Schwimmsprints sind ergiebiger als langsames Bahnenschwimmen. ■ Kraulen und Delfin-Schwimmen verbrauchen am meisten Kalorien.
Tennis	■ Die Zufuhr von Magnesium ist besonders wichtig. Essen Sie deshalb vor dem Match ein paar Nüsse oder eine Scheibe Vollkornbrot!	■ Fast alle Muskeln werden beansprucht. ■ Herz und Kreislauf werden angeregt. ■ Das Reaktionsvermögen wird trainiert. ■ Häufige Verletzungsgefahr.
Wandern	■ Vorher frisches Obst. ■ Für die Kondition stündlich einen Müsliriegel, eine Banane oder ein Brot.	■ Flottes Spazieren kräftigt Kreislauf, Herztätigkeit und Muskeln. ■ Nur langsame Gewichtsabnahme!

Das zählt!

Leichte Anstrengungen wie Bettenmachen, Bügeln oder Staubsaugen verbrauchen pro Minute etwa fünf Kalorien. Mittlere bis stärkere Anstrengungen wie Aerobic, Ballett oder Jogging fressen dagegen zehn und mehr Kalorien pro Minute.

Rad fahren!

Mit dieser Sportart liegen Sie voll im Trend. Ob im Gelände, als Radwanderung, als Freizeitausgleich mit und ohne Familie oder als Alternative zum Auto: Mit einem Fahrrad »fressen« Sie nicht nur Kilometer, sondern verbrennen auch ordentlich Kalorien.

Die Fatburner-Diät

Mit der Fatburner-Diät arbeiten Sie sich langsam aber sicher an Ihr Wohlfühlgewicht heran. Pfund für Pfund verlieren Sie auf angenehme Weise, ohne zu fasten und zu hungern. Wie das geht? Nur dadurch, dass Sie sich ausgewogen und gesund ernähren.

Der Grundbedarf des Körpers

Um leben, atmen, sich bewegen zu können, braucht der Mensch Energie. Wie viel Energie unser Körper benötigt, hängt von vielen Faktoren ab: von Geschlecht, Alter, Körpergewicht und der Körpergröße. Daraus ergibt sich der so genannte Grundumsatz. Um ihn zu erhalten, müsste man berechnen, welche körperliche Betätigung man tagtäglich hat, wie viel Stress man erlebt, wie viele Hormone im Körper ausgeschüttet werden, welche Medikamente man einnimmt und in welcher Klimazone man lebt.

Da es für einen Laien aber zu kompliziert ist, all diese Faktoren zu berücksichtigen, wird der Grundumsatz nach neuesten Erkenntnissen nach einem Richtwert ausgelegt. Dieser beträgt bei Männern zwischen 25 und 50 Jahren 2900 Kalorien, bei Frauen 2300 Kalorien. Je nach Alter, Beruf etc. wird daraus der so genannte PAL (= physical activity level) errechnet.

Bei ausschließlich sitzender oder liegender Lebensweise wie z. B. bei alten gebrechlichen Menschen multipliziert man den oben genannten Richtwert mit dem Faktor 1,2. Bei Schwerstarbeitern wie z. B. Bauarbeitern, Landwirten, Waldarbeitern, Bergarbeitern oder Leistungssportlern wird der Grundumsatz mit dem PAL-Faktor 2,4 berechnet. Normale berufstätige Erwachsene werden üblicherweise mit einem PAL-Faktor zwischen 1,5 und 1,7 multipliziert.

Der Wert 1,5 entspricht einer fast ausschließlich sitzenden Tätigkeit ohne viel Freizeitaktivitäten, wie sie ein Büroangestellter oder Feinmechaniker hat. 1,7 steht für etwas mehr Bewegung im Job wie bei Laboranten, Studenten oder Fließbandarbeitern. Bei Hausfrauen, Verkäufern, Kellnern oder Handwerkern, die sich überwiegend bewegen, liegt der PAL-Faktor bei 1,9.

Keine Kalorien zählen

Mit der Fatburner-Diät können Sie auf Kalorientabellen verzichten und sich genüsslich Ihrer Mahlzeit widmen. Sie müssen nur auf eine Balance der einzelnen Nährstoffe und auf gesunde Lebensmittel achten.

Der individuelle PAL-Faktor

Anhand der Aktivitäten in Beruf und Freizeit kann man einen individuellen PAL-Faktor errechnen. Wer vier- bis fünfmal wöchentlich 30 bis 60 Minuten Sport treibt, kann den PAL-Faktor um 0,3 erhöhen. Eine Person mit vorwiegend sitzender Tätigkeit erzielt durch regelmäßiges Sporttreiben somit einen PAL-Wert von 1,8.

Alter	Grundumsatz Männer	Grundumsatz Frauen
19–24	3000 kcal/Tag	2400 kcal/Tag
25–50	2900 kcal/Tag	2300 kcal/Tag
51–65	2500 kcal/Tag	2000 kcal/Tag

Kein Jojo-Effekt

Durch langsames Abnehmen und Nahrungsumstellung vermeiden Sie den Jojo-Effekt: Der Teufelskreis aus Diät halten – abnehmen – wieder normal essen – mehr zunehmen als vorher und wieder Diät halten usw. bringt nur Frustration.

Energie durch gesunde Nahrung

Die Energie, die unser Körper braucht, um zu funktionieren, beziehen wir aus der Verbrennung der drei Nährstoffe Eiweiß, Fett und Kohlenhydrate. Die dabei entstehende Wärme misst man in Kalorien. Die Verbrennung von einem Gramm Eiweiß und Kohlehydrate verbraucht jeweils vier Kilokalorien, von einem Gramm Fett neun Kilokalorien. Was wir an Vitaminen, Mineralstoffen, Spurenelementen und Wasser aufnehmen, enthält zwar keine Kalorien, gehört jedoch zu einer ausgewogenen Ernährung und ist lebenswichtig.

Ernährungsformel

1/3 tierisches und 2/3 pflanzliches Eiweiß heißt die optimale Formel. Die pflanzlichen Lebensmittel wie Vollkornprodukte, Gemüse oder Kartoffeln enthalten nämlich Ballaststoffe und verhindern so – im Gegensatz zu Wurst und Fleisch – eine Überversorgung mit Energie und Eiweiß.

Das Verbrennungstrio: Eiweiß, Fett, Kohlenhydrate

Eiweiß ist wichtig als Baulieferant für Zellen, Muskeln, Organe und Blut. Wir können es nur begrenzt speichern, deshalb müssen wir es täglich zu uns nehmen. Essen wir jedoch zu viel Eiweiß, wandelt es der Körper in Fett um. Säuglinge, Kinder, Jugendliche und Schwangere benötigen mehr Eiweiß als Erwachsene.

Kohlenhydrate sind die echten Energielieferanten unseres Körpers. Sie sind der Treibstoff für Muskel- und Gehirnarbeit. Ohne sie kann auch unsere Leber nicht arbeiten und Fette aufspalten. Und Kohlenhydrate sind auch lebenswichtig, weil überhaupt mit ihrer Hilfe erst bestimmte Mineralstoffe ins Blut transportiert werden. Isst man aber zu viele Kohlenhydrate, so wandelt unser Körper sie in der Leber um – natürlich in Fett, das er im Fettgewebe speichert. Folgen sind das Zuviel an den Problemzonen.

Betriebshelfer für alle Funktionen

Fett ist lebenswichtig – denn es versorgt den Körper mit Energie, ist Bestandteil unserer Zellmembranen und Gewebshormone. Es befördert die fettlöslichen Vitamine A, D, E und K und transportiert die essenziellen Fettsäuren durch die Darmwand ins Blut. Täglich brauchen wir etwa sechs bis acht Gramm dieser essenziellen Fettsäuren. Unser Körper kann sie nicht selbst aufbauen, er muss sie über die Nahrung bekommen.

Vitamine kann unser Körper kaum selbst herstellen. So bleibt keine Wahl: Um gesund und fit zu bleiben, müssen wir Vitamine mit der Nahrung zuführen. Man unterscheidet zwei Vitamingruppen: Die fettlöslichen Vitamine A, D, E und K, die nur mit Fett zusammen aufgenommen und auch gespeichert werden können.
Die wasserlöslichen Vitamine B_1, B_2, B_6, B_{12}, Folsäure, Niacin, Pantothensäure, Biotin und Vitamin C kann der Körper nicht einlagern. Deshalb müssen wir diese Vitamine täglich frisch und in ausreichender Menge zu uns nehmen.

Gute und schlechte!

Die »guten« Kohlenhydrate in Obst oder Gemüse werden langsam im Körper abgebaut, das Sättigungsgefühl hält länger vor. »Schlechte« stecken in Zucker, Süßigkeiten und poliertem Reis. Sie machen eher hungrig als satt und man isst automatisch mehr.

Mineralstoffe – lebenswichtige Minibausteine

Mineralstoffe liefern zwar keine Nahrungsenergie, erfüllen dafür aber mehrere lebensnotwendige Aufgaben: Kalzium und Phosphat geben Knochen und Zähnen Festigkeit. Natrium und Kalium regeln den Wasserhaushalt im Körper. Kalium, Kalzium, Natrium und Magnesium sind für die Nerven- und Muskelfunktionen unerlässlich. Magnesium aktiviert zahlreiche Enzyme. Alle Mineralstoffe zusammen fördern oder hemmen Stoffwechselvorgänge. Bei einer gesunden und ausgewogenen Ernährungsweise wird der Körper ausreichend mit Mineralstoffen versorgt.

Ballaststoffe – unverdaulich, aber nützlich!

Unter Ballaststoffen versteht man unverdauliche Bestandteile unserer Nahrung, die in unbehandelten kohlenhydratreichen Lebensmitteln enthalten sind. Ballaststoffe haben viele Vorteile – vor allem, wenn man abnehmen will. Sie enthalten keine Kalorien, umhüllen die Nährstoffe und schützen sie. Der Stoffwechsel und die Verdauung werden angeregt, denn sie kommen fast unverdaut bis zum Dickdarm. Dort binden sie Schlackenstoffe zusammen mit Flüssigkeit und scheiden diese aus. Sie regen auch die Durchblutung des Zahnfleisches an, da man bei einer ballaststoffreichen Nahrung mehr kaut.

Maximal 80 Gramm!

Fett ist in allen Speiseölen, in Butter, Margarine, Schmalz, Mayonnaise und Nüssen enthalten. Essen Sie eher pflanzliche Fette als tierische, denn sie enthalten mehr essenzielle Fettsäuren. Insgesamt 80 Gramm pro Tag sind genug.

Ihr Start ins »leichtere« Leben

Alkohol tabu?

Zumindest während des Abnehmens sollten Sie Ihren Alkoholkonsum stark einschränken. Alkoholische Getränke liefern viel Energie und machen hungrig, da sie die Magensäfte anregen.

Unsere Fatburner-Diät ist so aufgebaut, dass Sie wahlweise erst einmal ein schlankes Wochenende (ab Seite 30) genießen oder zum Einstieg in eine komplette Ernährungsumstellung gleich mit der 3-Wochen-Kur (ab Seite 38) beginnen können. Jede der drei Wochen aus der 3-Wochen-Kur ist auch einzeln durchführbar. Wahlweise können Sie zusätzlich oder ausschließlich hin und wieder einen unserer Entschlackungstage (ab Seite 114) einlegen.

Wir haben alle Rezepte selbst ausprobiert. Fatburner sind in diesen ausgewogenen Gerichten immer enthalten. Wer also bewusst einkauft und Spaß an qualitativ hochwertigem Essen hat, wird ganz von selbst Pfund um Pfund, Kilo um Kilo verlieren. Bewusste Ernährung ist keine Zauberei – man kann sie ein Leben lang mit viel Freude und Genuss durchführen.

»Böse« Dickmacher – Finger weg!

Dickmacher – Stopp!	Warum?
Alkohol	Hemmt den Fettabbau
Salate mit Mayonnaise	Viel Fett
Cremetorte	Viel Fett, viel Zucker
Pralinen	Viel Fett, viel Zucker
Rührei mit Speck	Viel Fett
Aal	Viel Fett
Bratwurst	Viel Fett
Pommes frites	Viel Fett
Wurst, Pastete	Viel Fett
Doppelrahmkäse	Viel Fett
Sahnesoße	Viel Fett
Crème fraîche	Viel Fett
Schmalz	Viel Fett
Gänsebraten	Viel Fett

Monat für Monat zwei Kilo weniger …

… danach sollten Sie Ihren Gewichtsverlust anstreben. Sind Sie noch jung und ganz gesund oder fühlen sich topfit, darf es auch ein Kilo pro Woche sein. Sind Sie dagegen älter und gesundheitlich nicht stabil, reichen 500 bis 1000 Gramm Gewichtsverlust pro Monat aus. Diese Faustregel gilt allerdings nicht dann, wenn Sie mal auf die Schnelle ein, zwei Kilos loswerden wollen: Das erreichen Sie am besten mit unseren Entschlackungstagen, die Sie ab Seite 114 finden. Damit Ihnen der Einstieg zu einem schlanken Leben leichter fällt, helfen Ihnen die Tabellen auf diesen beiden Seiten, die Sie darüber informieren, wovon Sie besser die Finger lassen sollten und wo Sie ruhigen Gewissens zugreifen dürfen.

»Gute« Schlankmacher – Greifen Sie zu!

Fit- und Schlankmacher	Warum?
Obst	Hohe Nährstoffdichte
Obst- und Gemüsesäfte	Viele Vitamine und Mineralstoffe
Salate	Hohe Nährstoffdichte
Gemüse	Hohe Nährstoffdichte
Hülsenfrüchte	Viele Ballaststoffe
Vollkornprodukte, Brot, Müsli	Viele Ballaststoffe
Fisch	Viel Eiweiß, viele Mineralstoffe
Hummer	Viel Eiweiß, wenig Fett
Geflügel	Wenig Fett
Rinder- und Schweinefilet	Wenig Fett, viel Eiweiß, viele Vitamine und Mineralstoffe
Mineralwasser	Durstlöscher ohne Kalorien
Tee, ungesüßt	Durstlöscher ohne Kalorien
Kartoffeln	Viele Kohlenhydrate, wenig Fett
Nudeln, Reis	Viele Kohlenhydrate, wenig Fett
Joghurt, Quark	Viel Eiweiß, wenig Fett
Kaltgepresste Pflanzenöle	Viele Vitamine und Mineralstoffe

Täglich Vitamine

Der tägliche Vitaminbedarf liegt – außer bei Vitamin C – unter zehn Milligramm. Ein Mangel an Vitaminen kann zu Leistungsabfall und anderen Gesundheitsstörungen führen.

Spurenelemente

Davon benötigt der Körper nur kleine Mengen. Ein Mangel kann zu Stoffwechselstörungen führen. Wichtige Spurenelemente sind Eisen und Jod – zuständig für die Blutbildung und die Schilddrüsenfunktion.

Die Wochenend-Diät

Sie haben am Wochenende nichts Besonderes vor? Schlemmen Sie sich doch einfach ein paar Pfunde schlanker. Mit den Rezepten für Samstag und Sonntag haben Sie Spaß am Essen ohne Reue – und der Erfolg kann sich schon am Montag sehen lassen.

Fett verbrennen – allein oder in Gemeinschaft

Alle Rezepte wurden - falls nicht anders angegeben - für eine Person berechnet. Wenn Sie also zusammen mit Ihrem Partner oder Ihrer Familie ein schlankes Wochenende verbringen wollen, multiplizieren Sie die Zutatenmengen einfach mit der Anzahl der entsprechenden Personen. Das Kalorienzählen können Sie sich sparen.

1. Tag – Samstag

Rote-Bete-Müsli

Morgens

Zubereitungszeit: ca 15 Minuten

4 EL Roggenflocken	*frischer Dill*
1 Karotte	*150 g Magerjoghurt*
$^1/_2$ Apfel	*$^1/_2$ TL Honig*
1 kleine Knolle Rote Bete	*Pfeffer*
Saft von $^1/_2$ Zitrone	

1. Die Flocken über Nacht in Wasser einweichen. Karotte, Apfel und Rote Bete schälen und raspeln, vermischen. Mit Zitronensaft beträufeln. Den Dill waschen, trockenschwenken, die Blättchen abzupfen und fein hacken.
2. Den Joghurt mit Honig, Dill und Pfeffer verrühren. Mit wenig Zitronensaft abschmecken. Die Flocken auf einen Teller geben, das vorbereitete Gemüse darauf verteilen und mit dem Dressing übergießen.

Der typische, leicht saure Geschmack der Roten Bete verleiht diesem Müsli eine erfrischende Note und er harmoniert ausgezeichnet mit den übrigen Zutaten. Probieren Sie die ungewohnte Mischung einfach aus. Sie werden begeistert sein.

Christophs »Bananenmantsche«

Zwischenmahlzeit

Zubereitungszeit: ca. 10 Minuten

1 Banane	*3 EL Vollkorndinkelflocken*
150 g Magerjoghurt	

- Die Banane schälen und mit der Gabel zerdrücken. Bananenmus unter den Joghurt rühren und die Dinkelflocken darüber streuen.

Heilbutt auf Rettichgemüse

Mittags

Für 4 Personen
Zubereitungszeit: ca. 40 Minuten

800 g Heilbutt
Zitronensaft
1 kg Rettich
4 EL trockener Weißwein
Salz
Pfeffer
1 Bund Petersilie
Magermilch
Meerrettich
Muskatnuss

1. Den Fisch säubern und mit Zitronensaft beträufeln. Den Rettich schälen und in fingerdicke Stifte schneiden.
2. Den Wein mit 2 Esslöffeln Wasser in einem Topf zum Kochen bringen, die Rettichstifte zugeben und 5 Minuten bei geschlossenem Topf garen.
3. Den Fisch salzen und pfeffern und im Backofen grillen. Die Petersilie waschen, trockenschwenken, die Blättchen abzupfen und fein hacken.
4. Ein Drittel des Rettichs aus dem Topf nehmen und im Mixer mit einem Schuss Milch und etwas Meerrettich pürieren. Unter die Rettichstücke rühren. Die gehackte Petersilie unterrühren und das Gemüse mit Muskatnuss abschmecken. Dazu passen Salzkartoffeln.

Nachmittags gibt es als kleinen Snack für zwischendurch einen saftigen Apfel.

Gebackenes Gemüse (Foto rechts)

Abends

Für 4 Personen
Zubereitungszeit: ca. 45 Minuten

1 EL Olivenöl
700 g Zucchini
500 g Eiertomaten
Oregano
Basilikum
200 g magerer Schafskäse oder Mozzarella
Pfeffer
1 Vollkornbaguette

1 Eine flache feuerfeste Form sparsam mit Öl auspinseln. Den Backofen auf 200 °C (Gas Stufe 3–4, Umluft 180 °C) vorheizen.

2 Das Gemüse waschen, bei den Zucchini die Enden, bei den Tomaten die Stielansätze entfernen und das Gemüse in $^1/_2$ cm dicke Scheiben schneiden. Die Gemüsescheiben schuppenförmig in die Form legen.

3 Die Kräuter abbrausen, trockenschwenken und die Blättchen fein hacken. Den Schafskäse zerbröseln, mit den Kräutern mischen, mit Pfeffer würzen – nicht salzen.

4 Das Gemüse zuerst zugedeckt 15 Minuten, dann weitere 7 Minuten auf der mittleren Schiene überbacken, bis der Käse leicht zu bräunen beginnt. Das Vollkornbaguette quer in Scheiben schneiden und dazu servieren.

Die frisch-fruchtigen Zutaten dieses leichten Gerichtes wecken Urlaubserinnerungen.

2. Tag – Sonntag

Honig-Flocken-Brei

Morgens

Zubereitungszeit: ca. 15 Minuten

5 EL Vollkornflocken
$1^1/_2$ Tassen Milch 1,5% Fett
Salz
Honig

Extratipp
Besonders gut schmeckt dieses Müsli, wenn Sie klein geschnittenes frisches Obst der Saison dazugeben.

1. Die Vollkornflocken mit $1^1/_2$ Tassen Wasser, Milch und einer Prise Salz aufkochen. Vom Herd nehmen und zugedeckt 4 Minuten ziehen lassen.
2. Die Flocken in einen Teller gießen, mit Honig abschmecken und servieren.

Scharfe Kressy

Zwischenmahlzeit

Zubereitungszeit: ca. 10 Minuten

1 Bund Brunnenkresse
100 ml Kefir
100 ml Magerjoghurt
1 Msp. mittelscharfer Senf
1 Msp. Meerrettich
Tabasco
Pfeffer

Die Kresse waschen, trockenschwenken, verlesen und fein hacken. Den Kefir und den Magerjoghurt mit der Kresse verquirlen. Mit Senf, Meerrettich, Tabasco und Pfeffer nach Belieben abschmecken.

Gefüllte Rotkohlblätter

Mittags

Für 4 Personen

Zubereitungszeit: ca. 1 Stunde

die äußeren Blätter eines Rotkohls	*1 Ei*
1–2 altbackene Vollkornbrötchen	*Salz*
1/2 Bund Petersilie	*Pfeffer*
2 Zwiebeln	*1 EL Pflanzenöl*
1 Karotte	*ca. 1/2 l Gemüsebrühe*
700 g Putenhackfleisch	*2 TL Tomatenmark*
	1/2 TL Wacholderbeeren

1. Die Kohlblätter waschen, den dicken Strunk herausschneiden. Die Blätter 3 Minuten in kochendem Salzwasser blanchieren, kalt abschrecken und trockentupfen.
2. Die Brötchen in lauwarmem Wasser einweichen. Die Petersilie abbrausen, trockenschwenken und die Blättchen hacken. Zwiebeln abziehen, Karotte schälen und beides fein würfeln. Die eingeweichten Brötchen ausdrücken. Das Putenhackfleisch mit den Brötchen, Ei, Petersilie und der Hälfte der Zwiebeln zu einem gleichmäßigen Teig verarbeiten, salzen und pfeffern.
3. Die Kohlblätter nebeneinander ausbreiten und gleichmäßig mit dem Fleischteig bestreichen. Aufrollen, die Ränder einschlagen und mit Rouladenklammern oder mit Küchengarn fixieren.
4. Das Pflanzenöl erhitzen. Die Kohlblätter bei schwacher Hitze rundherum anbraten, dabei die restlichen Zwiebeln und Möhren zugeben. Mit der Brühe aufgießen, das Tomatenmark einrühren, die Wacholderbeeren zugeben und die gefüllten Blätter bei geschlossenem Deckel etwa 20 Minuten garen.
5. Die Beeren herausnehmen, die Soße pürieren und abschmecken.

Extratipp !

Kartoffelschnee dazu reichen. Dafür Kartoffeln schälen und im Dampfdrucktopf garen. Herausnehmen und mit der Kartoffelpresse gleich auf die vorgewärmten Teller portionieren.

Sprossenbrot

Zwischenmahlzeit

Zubereitungszeit: ca. 5 Minuten

1 Scheibe Vollkornbrot
3 EL kerniger Frischkäse
Salz
Pfeffer
frische Sprossen
Paprikapulver, edelsüß

Das Brot mit dem Frischkäse bestreichen. Salzen, pfeffern und mit den abgebrausten und abgetropften Sprossen belegen. Paprikapulver darüber stäuben.

Heute können Sie aus einer der beiden Zwischenmahlzeiten wählen.

Kräuter im Glas

Zwischenmahlzeit

Zubereitungszeit: ca. 5 Minuten

3 EL gehackte Kräuter
120 ml Buttermilch
Pfeffer
Muskatnuss
1 Vollkornbrötchen

1. Die Kräuter unter die kalte Buttermilch rühren und mit den Gewürzen abschmecken.
2. Das Vollkornbrötchen zu der würzigen Kräuter-Buttermilch essen.

Pochierte Eier auf Feldsalat

Abends

Für 4 Personen
Zubereitungszeit: ca. 30 Minuten

450 g Feldsalat
4 Tomaten
100 ml Essig
4 Eier
2 Zwiebeln
1 Bund Dill
1 EL Zitronensaft
1 EL Kräuteressig
1 EL Walnussöl
4 EL Magerjoghurt
2 EL mittelscharfer Senf
1 EL Akazienhonig
Pfeffer
1 Bund Radieschen

1. Den Salat verlesen, gründlich waschen und auf vier flache große Teller verteilen. Die Tomaten waschen, die Stielansätze entfernen und die Tomaten in kleine Würfel schneiden. Diese auf dem Feldsalat verteilen.
2. 1 Liter Wasser zum Kochen bringen, den Essig dazugeben. Jedes Ei einzeln in eine Untertasse schlagen, langsam ins Essigwasser gleiten und dann 5 Minuten ziehen lassen.
3. Inzwischen für das Dressing die Zwiebeln abziehen und würfeln. Den Dill waschen und trockenschwenken, die Blättchen abzupfen und fein wiegen. Zwiebelwürfel, Dill, Zitronensaft, Essig, Öl, Joghurt, Senf, Honig und Pfeffer in ein hohes Gefäß geben und mit dem Schneebesen kräftig durchschlagen.
4. Das Dressing in die Mitte des Salates geben, jeweils ein pochiertes Ei darauf setzen. Zuletzt die Radieschen waschen und darüber raspeln.

Die 3-Wochen-Kur

Das kommt Ihnen ewig lang vor? Keine Sorge – Sie müssen auf nichts verzichten. Nur ein bisschen bewusster einkaufen, kochen und essen. Sie werden feststellen, wie gut schlanke Küche schmecken kann. Halten Sie nur eine Woche durch, nehmen Sie auch schon ab!

Wochenweise der Traumfigur näher kommen

Unsere 3-Wochen-Kur können Sie als solide Ausgangsbasis für Ihre persönliche Ernährungsumstellung nehmen. Sie selbst entscheiden dabei, ob Sie erst einmal einen einzelnen »Schnuppertag« aus dieser Kur ausprobieren oder ob Sie gleich den ganzen Zeitraum mitmachen. Natürlich können Sie auch eine einzelne Woche als Einstieg nutzen – der Erfolg nach dieser Woche wird Sie ohnehin zum Weitermachen animieren.

Auch kleine Sünden sind erlaubt

An einigen Tagen darf Ihre Zwischenmahlzeit am Nachmittag sogar vom Bäcker sein. Dabei appellieren wir natürlich an Ihre Vernunft und hoffen, dass Sie nicht gleich mit dicken Cremetorten zurückkommen! Wenn Sie die gesamte 3-Wochen-Kur durchhalten, dürfen Sie sich – am besten gegen Ende der dritten Woche – so richtig belohnen: mit einem Besuch in Ihrem Lieblingslokal. Das tut der Seele gut und spornt Sie gleichzeitig an, dabei zu bleiben. Genießen Sie diesen Abend und seien Sie stolz auf das Erreichte!

Für Einzelkämpfer

Die 3-Wochen-Kur liefert Ihnen einen großen »Rezeptepool«, aus dem Sie sich für Ihre einzelnen Mahlzeiten bedienen können. Denn für unsere Fatburner-Gerichte gilt: Lästiges Kalorienzählen entfällt, Sie können alle Rezepte untereinander austauschen.

Was Sie noch wissen müssen

Wir wissen aus eigener Erfahrung, dass man nicht immer Lust und vor allem die Zeit hat, selbst zu kochen, alles bis ins Kleinste vorzubereiten und stets frische Lebensmittel zu kaufen. Deshalb ist dieser 3-Wochen-Plan so zusammengestellt, dass Sie nicht immer alle Zutaten frisch im Haus haben müssen und Sie zur Arbeitserleichterung durchaus auch mal Gemüse und Gerichte aus der Tiefkühltruhe verwenden können.

Manchmal bieten wir Ihnen innerhalb der einzelnen Tage auch ganz bewusst keine Zwischenmahlzeit an – und zwar immer dann, wenn die vorhergehende Mahlzeit so reichlich war, dass Sie bis zur nächsten Mahlzeit ohne Probleme durchhalten müssten.

Abnehmen soll Spaß machen – sonst gibt man das Vorhaben zu leicht auf. Wir kennen das aus eigener leidvoller Erfahrung. Aber wenn Sie unsere 3-Wochen-Kur durchhalten, haben Sie sicher nicht nur ein paar Kilos abgenommen, sondern sind schon fast so weit, dass Sie Ihre Ernährung auf eine gesündere und ausgewogenere Basis umgestellt haben. Danach wird es Ihnen auch nicht mehr schwerfallen, künftig immer so zu essen. Das langfristige Ziel, das Sie dadurch erreichen, wird sein, dass Sie weiter abnehmen – bis Sie Ihr persönliches Wohlfühlgewicht erreicht haben.

1. Woche – Montag

Melonencornflakes

Morgens

Zubereitunqszeit: ca. 10 Minuten

1/2 Honigmelone
150 g Magerjoghurt
4 EL Cornflakes

1. Die Melone halbieren, mit einem Esslöffel die Kerne herauskratzen. Die Melone schälen und das Fruchtfleisch in mundgerechte Würfel schneiden.
2. Die Melonenwürfel mit dem Joghurt vermischen. Die Cornflakes unterrühren.

Möhren-Apfel-Toast

Zwischenmahlzeit

Zubereitungszeit: ca. 15 Minuten

1 kleine Karotte
50 g säuerlicher Apfel
Zitronensaft
3 EL Magerquark
Pfeffer, Salz
1 TL gehackter Dill
2 Scheiben Vollkorntoast

1. Die Karotte schälen, den Apfel waschen und das Kerngehäuse entfernen. Die Karotte und den Apfel fein raspeln. Sofort mit Zitronensaft beträufeln, damit der Apfel nicht braun wird.
2. Den Quark untermischen und die Masse mit Pfeffer, Salz und Dill abschmecken.
3. Die Toastscheiben toasten und mit dem Karotten-Apfel-Quark bestreichen.

Bunter Kartoffelsalat

Mittags

Für 4 Personen
Zubereitungszeit: ca. 45 Minuten

1 kg fest kochende Kartoffeln
$^1/_2$ Bund Staudensellerie
$^1/_8$ l Fleischbrühe
$^1/_8$ l Kräuteressig
Salz, Pfeffer
die jungen Blätter eines Kopfsalates
200 g Gouda
1 Bund Radieschen
200 g Magerjoghurt
1 EL Akazienhonig
1 EL scharfer Senf
3 EL gemischte gehackte Kräuter
Saft von 1 Orange
2 EL Haselnüsse in Scheiben

1. Die Kartoffeln waschen und im Siebeinsatz des Dampfdrucktopfes je nach Größe 10 bis 15 Minuten garen. Die abgekühlten Kartoffeln schälen.
2. Inzwischen den Staudensellerie putzen, waschen und fein schneiden. Die Kartoffeln in Scheiben schneiden, den Sellerie zu den Kartoffeln geben. Fleischbrühe und Essig über die Kartoffeln geben, salzen und pfeffern und den Salat 1 Stunde zugedeckt ziehen lassen.
3. Inzwischen den Kopfsalat waschen. Den Käse in kleine Würfel schneiden. Die Radieschen waschen und hobeln.
4. Den Joghurt zusammen mit Honig, Senf, Kräutern und Orangensaft in eine Schüssel geben und mit einem Schneebesen kräftig aufschlagen.
5. Die Salatblätter auf einer großen Platte anrichten. Darauf den nochmals abgeschmeckten Kartoffelsalat, die Käsewürfel, gehobelten Radieschen und die Nüsse geben. Das Dressing darauf verteilen. Dazu schmeckt ein mageres gegrilltes Rindersteak.

Extratipp !

Machen Sie kalte Kartoffeln mit heißer Brühe an, warme mit kalter Brühe.

Obst

Zwischenmahlzeit

Die zweite Hälfte der Melone vom Frühstück

Zucchinisuppe mit Champignons (Foto rechts)

Abends

Für 4 Personen

Zubereitungszeit: ca. 40 Minuten

4 Zucchini
1 Zwiebel
1 Knoblauchzehe
150 g Champignonköpfe
Zitronensaft
1 EL Olivenöl
1 l Gemüsebrühe
2 Zweige Estragon
Pfeffer, Salz

1. Die Zucchini waschen, den Stielansatz entfernen und die Früchte klein schneiden. Die Zwiebel abziehen und fein würfeln. Die Knoblauchzehe abziehen. Die Champignons putzen, in hauchdünne Scheiben schneiden und mit Zitronensaft beträufeln.
2. Das Olivenöl erhitzen. Die Zwiebel darin kurz andünsten. Die Zucchini und den Knoblauch zugeben, den Deckel schließen und das Gemüse 5 Minuten dünsten.
3. Anschließend im Mixer fein pürieren. Zusammen mit der Gemüsebrühe in den Topf geben, die Estragonzweige dazugeben. Die Suppe mit Pfeffer und Salz würzen und noch einmal aufkochen.
4. Die Pilze in einer beschichteten Pfanne einige Minuten anbraten. Die Estragonzweige aus der Suppe nehmen. Die Suppe auf vier Teller verteilen, darauf die angebratenen Champignons geben.

1. Woche – Dienstag

Warmes Kirschflockenmus

Morgens

Zubereitungszeit: ca. 15 Minuten

200 ml fettarme Milch
90 g feine Schmelzflocken
200 g Sauerkirschen
1 TL Honig

Für zwischendurch gibt's heute einen Apfel oder eine Birne!

Die Milch erwärmen. Die Schmelzflocken einrühren. Den Topf vom Herd nehmen und die Flocken quellen lassen. Inzwischen die Kirschen waschen und entsteinen. Das Mus in einem Suppenteller mit den Kirschen anrichten und mit Honig süßen.

Überbackene Polenta

Mittags

Zubereitungszeit: ca. 50 Minuten

$^1/_2$ l Gemüsebrühe
50 g Maisgrieß
1 Tomate
30 g Schafskäse
1 EL gehackte Petersilie

Extratipp

Dieses Gericht eignet sich bestens zur Käseresteverwertung. Außerdem schmecken Röstzwiebeln dazu ganz fein.

1. Die Gemüsebrühe aufkochen, den Maisgrieß nach und nach einrühren. 15 Minuten bei schwacher Hitze kochen lassen, dabei immer wieder umrühren.
2. Den Grill des Backofens vorheizen. Die Tomate waschen, den Stielansatz entfernen und die Tomate achteln. Den Schafskäse zerbröseln.
3. Die heiße Polenta in eine feuerfeste Form geben, glatt streichen und die Tomatenstückchen auf der Polenta verteilen. Den Käse darüber streuen. Die Polenta 15 Minuten unter dem Grill überbacken. Mit Petersilie bestreuen.

Rucolasalat

Zwischenmahlzeit

Zubereitungszeit: ca. 15 Minuten

50 g Rucola
1 Tomate
160 g Magerquark
2 EL Mineralwasser
1 EL gehacktes Basilikum
Salz, Pfeffer
1 Vollkornbrot

Rucola und Tomate waschen, dabei den Stielansatz entfernen und die Tomate fein würfeln. Quark mit Mineralwasser, Basilikum und Tomatenwürfeln verrühren, würzen und auf der Rucola verteilen.

Garnelenspieße mit Kressesauce (Foto rechts)

Abends

Für 4 Personen
Zubereitungszeit: ca. 1 Stunde

20 rohe geschälte Tiefseegarnelen
1 unbehandelte Zitrone
2 Knoblauchzehen
1 TL Paprikapulver edelsüß
1 Msp. Kurkuma
2 TL Pflanzenöl
250 g Magerquark
125 g Magerjoghurt
Mineralwasser
2 Kästchen Kresse
Pfeffer, Salz
2 EL Olivenöl

1. Die Garnelen am Rücken einschneiden und den Darm entfernen. Garnelen waschen, trockentupfen und auf Spieße stecken.
2. Die Zitrone abreiben, halbieren und auspressen. Den Knoblauch abziehen und pressen. Zitronenschale und 2 Esslöffel -saft, Knoblauch, Paprika, Kurkuma und Öl verrühren. Garnelen damit bepinseln. 45 Minuten zugedeckt durchziehen lassen.
3. Quark und Joghurt verrühren, etwas Mineralwasser zugeben. Kresse fein hacken, unterrühren, würzen. Olivenöl erhitzen und die Garnelen darin von beiden Seiten braten.

Extratipp !

Zu den Garnelenspießen passt gut ein Gemüserisotto.

1. Woche – Mittwoch

Blutorangenmüsli

Morgens

Zubereitungszeit: ca. 15 Minuten

150 g fettarmer Joghurt
1–2 Blutorangen
5–6 EL kernige Haferflocken

1. Den Joghurt in einen Suppenteller geben. Die Orangen schälen, dabei auch die weiße Haut entfernen und die Orangen in mundgerechte Stücke schneiden.
2. Die Orangenstücke auf den Joghurt geben, die Haferflocken unterheben und das Müsli gleich verzehren.

Käsebrot

Zwischenmahlzeit

Zubereitungszeit: ca. 15 Minuten

2 große Salatblätter
70 g Salatgurke
Apfelessig
Pfeffer
1 EL gehackter Dill
1 Scheibe Roggenvollkornbrot
2 Scheiben Emmentaler (30% Fett i. d. Tr.)

1. Die Salatblätter waschen und trockentupfen. Die Gurke schälen, hobeln und mit Essig und Pfeffer würzen. Den Dill unterrühren.
2. Die Salatblätter auf das Brot legen, die Gurken und den Käse darauf garnieren.

Gegrillte Kalbsleber mit Zwiebelgemüse

Mittags

Für 4 Personen

Zubereitungszeit: ca. 30 Minuten

700 g rote Zwiebeln
1 Zweig Salbei
$^1/_8$ l trockener Rotwein
1 EL Pflanzenöl
600 g Kalbsleber in Scheiben
Pfeffer, Salz

1. Die Zwiebeln abziehen und in Ringe schneiden. Den Salbei waschen und grob hacken. Den Wein in einem Topf zum Kochen bringen, Salbei und Zwiebeln zugeben und bei schwacher Hitze 10 Minuten bei geschlossenem Topf garen.
2. In der Zwischenzeit das Pflanzenöl erhitzen und die Leber darin von jeder Seite 3 Minuten anbraten.
3. Die Leber erst am Tisch pfeffern, wenn nötig salzen und mit den gedünsteten Zwiebeln servieren.

Extratipp !

Zu diesem Gericht schmeckt Vollkornbaguette am besten.

Gemischte Fruchtmilch

Zwischenmahlzeit

Zubereitungszeit: ca. 15 Minuten

1 Apfel
1 Orange
1 EL geschälte Haselnüsse
1 TL Zitronensaft
1 EL Sanddornsaft
$^1/_2$ l Magermilch, -joghurt oder Buttermilch
2–3 Eiswürfel

1. Den Apfel waschen, schälen, das Kerngehäuse entfernen und das Fruchtfleisch in Stücke schneiden. Die Orange auspressen.
2. Haselnüsse, Apfelstücke, Zitronen-, Sanddorn- und Orangensaft in einem Mixer mixen, bis keine Stückchen mehr vorhanden sind. Zuletzt die kalte Milch dazugießen. Zerstoßenes Eis dazugeben und die Fruchtmilch nochmals durchmixen.

Gefüllte Zucchini (Foto rechts)

Abends

Für 4 Personen

Zubereitungszeit: ca. 1 Stunde

Salz
200 g Bulgur
4 Zucchini
2 Schalotten
2 Knoblauchzehen
4 Tomaten
Pfeffer
Pflanzenöl
100 g Emmentaler Käse

1 400 Milliliter Wasser mit 1 Prise Salz aufkochen, den Bulgur einrühren und 10 Minuten bei ausgeschalteter Platte quellen lassen.

2 Die Zucchini waschen, die Stielansätze entfernen und die Früchte der Länge nach durchschneiden. Das Fruchtfleisch mit einem Esslöffel auskratzen und klein hacken. Die Schalotten und den Knoblauch abziehen, fein würfeln und zum Bulgur geben. Die Tomaten waschen und halbieren, dabei die Stielansätze entfernen. Die Tomaten entkernen und das Fruchtfleisch fein würfeln, ebenfalls zum Bulgur geben.

3 Die Bulgurmasse zu einem gleichmäßigen Teig verarbeiten und mit Salz und Pfeffer würzen.

4 Drei Viertel der Masse in die Zucchini füllen. Den Rest als Sockel in eine feuerfeste Form geben, die nur sehr sparsam eingeölt wurde. Die Zucchini darauf setzen, mit geriebenem Käse bestreuen. Im Backofen bei 200 °C (Umluft 180 °C, Gas Stufe 3–4) 20 bis 30 Minuten backen.

1. Woche – Donnerstag

Knuspermüsli mit Joghurt

Morgens

Für 10 Portionen

Zubereitungszeit: ca. 15 Minuten ohne Backzeit

60 g Sesamsamen
150 g kernige Haferflocken
100 g gehackte Mandeln
60 g Sonnenblumenkerne
150 g Honig
1 TL Sonnenblumenöl
100 g Rosinen, ungeschwefelt (nach Geschmack)
150 g Magerjoghurt

Extratipp

In einer Blechdose aufbewahrt, hält das Knuspermüsli einige Wochen frisch.

1 Die Sesamsamen in einer Pfanne ohne Fett unter ständigem Rühren rösten, herausnehmen und abkühlen lassen. Den Backofen auf 160 °C (Umluft 140 °C, Gas Stufe 1–2) vorheizen.

2 Alle Zutaten bis auf die Rosinen und den Joghurt zu einem zähen Teig verkneten, in diesen nach Geschmack Rosinen untermischen. Die Masse auf dem Backblech verteilen und 1 Stunde backen, dabei mehrmals mit einem Holzlöffel umrühren. Anschließend 2 bis 3 Esslöffel des Müslis unter den Joghurt geben.

Schinkenbrötchen

Zwischenmahlzeit

Zubereitungszeit: ca. 10 Minuten

1 Vollkornbrötchen
1 großes Salatblatt
1 Gewürzgurke
1 Scheibe Putenschinken

1 Brötchen halbieren, Salatblatt waschen und trockentupfen. Die Gewürzgurke der Länge nach in Scheiben schneiden.

2 Das Brötchen mit dem Salatblatt, der Essiggurke und dem Schinken belegen und zusammenklappen.

Gemüsesuppe »Vier Jahreszeiten«

Mittags

Für 4 Personen

Zubereitungszeit: ca. 45 Minuten

200 g getrocknete dicke Bohnen
250 g Spitzkohl
250 g Tomaten
250 g Auberginen
250 g Zucchini
1 Zwiebel
100 g Steinpilze
$^{1}/_{8}$ l Weißwein
$1^{1}/_{2}$ l Gemüsebrühe
Salz, Pfeffer
1 Bund Petersilie
150 g Vollkornnudeln

1. Die Bohnen über Nacht einweichen. Im Einweichwasser im Dampfdrucktopf knapp 20 Minuten garen, absieben.
2. Den Kohl putzen, den Strunk entfernen und den Kohl in Würfel schneiden. Tomaten, Auberginen und Zucchini waschen, Stielansätze entfernen und die Früchte würfeln. Die Zwiebel abziehen und würfeln. Die Steinpilze putzen und in Scheiben schneiden.
3. Die Zwiebel im Dampfdrucktopf glasig dünsten, das Gemüse dazugeben, mitdünsten, mit Wein ablöschen und mit Gemüsebrühe aufgießen, würzen. Das Gemüse 5 Minuten weitergaren und anschließend mit Petersilie bestreuen.
4. Die Nudeln in reichlich Salzwasser kochen und abtropfen.

Apfel-Karotten-Rohkost

Zwischenmahlzeit

Zubereitungszeit: ca. 15 Minuten

1 Karotte
1 Apfel
Saft von $^{1}/_{2}$ Zitrone
1 TL Akazienhonig
1 TL Rapsöl

Die Karotte und den Apfel waschen, schälen und beides fein raspeln. Sofort mit Zitronensaft beträufeln, damit der Apfel nicht braun wird. Den Honig und das Öl untermischen.

Grünkernküchle mit Blattsalat

Abends

Für 4 Personen

Zubereitungszeit: ca. 1 Stunde

1 Zwiebel
1 TL Pflanzenöl
250 g Grünkernschrot
750 ml Gemüsebrühe
1 Tasse TK-Erbsen
2 Möhren
2 EL grobe Haferflocken
2 EL feine Haferflocken
2 EL Sonnenblumenkerne
Pfeffer, Salz
Kräuter nach Geschmack
1 Radicchio
1 Schälchen Feldsalat
1 Tasse gemischte Sprossen
1 Bund Schnittlauch
150 g Magerjoghurt
Zitronensaft
Erdnussöl

1. Die Zwiebel abziehen und fein würfeln. Das Pflanzenöl erhitzen und die Zwiebel darin andünsten. Den Grünkernschrot zugeben und anrösten. Mit der Brühe aufgießen, 5 Minuten kochen lassen, vom Herd nehmen und 10 Minuten quellen lassen. Abgießen, abkühlen lassen.
2. Die Erbsen nach Packungsaufschrift bissfest garen, abschrecken, abgießen und abkühlen.
3. Die Möhren schälen und fein raspeln. Den Schrot mit den Möhren, den Haferflocken und den Sonnenblumenkernen zu einem Teig verkneten, mit Pfeffer, Salz und Kräutern würzen.
4. Den Salat waschen und abtropfen lassen. Die Sprossen kalt überbrausen und abtropfen lassen. Den Schnittlauch waschen und in Röllchen schneiden. Schnittlauch, Joghurt und Zitronensaft verrühren, salzen und pfeffern. Den Salat und die Sprossen in eine Schüssel geben, das Dressing gleichmäßig darüber verteilen.
5. Eine beschichtete Pfanne mit Öl auspinseln, erhitzen und darin die mit der Hand geformten Bratlinge von beiden Seiten knusprig braten.

1. Woche – Freitag

Orangen-Waldhonig-Müsli

Morgens

Zubereitungszeit: ca. 10 Minuten

3 Orangen
Saft von 1 Zitrone
1 EL Waldhonig
4 EL Vollkornhaferflocken

1 2 Orangen auspressen und den Saft in einen Suppenteller gießen. Den Saft mit Zitronensaft und Honig abschmecken.

2 Die restliche Orange schälen, dabei die weiße Haut entfernen und die Filets herauslösen. Die Orangenfilets zusammen mit den Haferflocken unter den Saft mischen.

Rote-Bete-Saft

Zwischenmahlzeit

Zubereitungszeit: ca. 10 Minuten

Saft von $^1/_2$ Zitrone
1 TL Meerrettich
250 ml Rote-Bete-Saft
Pfeffer, Salz

Den Zitronensaft, den Meerrettich und den Rote-Bete-Saft in ein hohes Gefäß geben und mit einem Schneebesen verquirlen. Den Saft mit Pfeffer und Salz abschmecken.

Fischpfanne

Mittags

Für 4 Personen

Zubereitungszeit: ca. 1 Stunde

600 g Kartoffeln
600 g gemischte feste Seefischfilets
Zitronensaft
4 kleine Zucchini
1 Zwiebel
1 große Fleischtomate
1 EL Pflanzenöl
Salz, Pfeffer
1 Bund Petersilie
einige Zitronenmelisseblättchen

1 Die Kartoffeln waschen und im Dampfdrucktopf garen, schälen und in dicke Würfel schneiden.

2 Die Fischfilets kalt abwaschen, trockentupfen, mit Zitronensaft beträufeln und beiseite stellen.

3 Die Zucchini waschen, die Stielansätze entfernen und die Früchte in etwa 1/2 cm dicke Scheiben schneiden. Die Zwiebel abziehen und fein würfeln. Die Tomate waschen, den Stielansatz entfernen und die Tomate in schmale Streifen schneiden.

4 Das Pflanzenöl erhitzen, Zwiebel und Zucchini darin 5 Minuten dünsten, dann die Tomatenstreifen dazugeben. Die Kartoffelwürfel zufügen. Den Fisch in dicke Streifen schneiden und unterrühren. Alles kräftig salzen und pfeffern und 5 bis 10 Minuten, je nach Fischgröße, fertig garen.

5 Inzwischen die Petersilie und die Melisse waschen, trockenschwenken, grob hacken und untermischen.

Apfelbrot (1 Scheibe)

Zwischenmahlzeit

Für einen Brotlaib
Zubereitungszeit: ca. 2 Stunden

600 g Dinkelvollkornmehl	*300 g Boskopäpfel*
1 Würfel Hefe	*Saft von 1 Zitrone*
3 TL Ahornsirup	*30 g Rapsöl*
1 Tasse Rosinen	*Salz*

1. Das Mehl in eine Schüssel sieben, in die Mitte eine kleine Mulde drücken. Die Hefe in die Mulde bröseln und mit etwas warmem Wasser einen Vorteig rühren. Diesen zugedeckt an einem warmen Ort gehen lassen, bis er sich verdoppelt hat.
2. Den Sirup und gut $^1/_8$ Liter Wasser dazu gießen und mit den Knethaken des Handrührgerätes zu einem gleichmäßigen Teig kneten. Zugedeckt nochmals 20 Minuten gehen lassen.
3. Inzwischen die Rosinen mit heißem Wasser überbrausen und abtropfen lassen. Die Äpfel waschen, die Kerngehäuse entfernen und die Äpfel mit der groben Rohkostreibe raspeln. Mit Zitronensaft beträufeln, damit sie nicht braun werden.
4. Anschließend das Öl, die abgetropften Rosinen und eine Prise Salz zum Teig geben und diesen geschmeidig kneten. Zuletzt die Äpfel mit unterkneten.
5. Den Backofen auf 220 °C (Umluft 190 °C, Gas Stufe 4–5) vorheizen. Den Teig in eine mit Backpapier ausgelegte Kastenform geben. Weitere 20 Minuten zugedeckt stehen lassen. Den Teig im Backofen 40 bis 50 Minuten backen.

Extratipp

Das Apfelbrot schmeckt zum Nachmittagskaffee oder zum Frühstück.

Käsesalat

Abends

Zubereitungszeit: ca. 20 Minuten

100 g Käse nach Geschmack (30% Fett i.d.Tr.)
1 Kiwi
50 g blaue Trauben, kernlos
$^1/_2$ Banane
Saft von $^1/_2$ Zitrone
2–3 EL Apfelessig
1 TL Rapsöl
Pfeffer, Salz
1 Pr. Zucker

Extratipps

Zu diesem Käsesalat schmeckt am besten frisches Walnussbrot. Sie können den Salat zusätzlich mit Magerjoghurt abschmecken oder statt Obst auch Gemüse nehmen.

1. Den Käse in Streifen schneiden. Das Obst je nach Bedarf schälen oder waschen und in mundgerechte Stücke schneiden. Gleich mit Zitronensaft beträufeln, damit die Bananenstücke nicht braun wird.
2. Danach Essig, Öl, Pfeffer, Salz und Zucker in einer Schüssel gründlich verrühren.
3. Die Käsestreifen und die Obststückchen mit dem Essig-Öl-Dressing vorsichtig vermischen und einige Minuten marinieren lassen.

1. Woche – Samstag

Grapefruitteller

Morgens

Zubereitungszeit: ca. 10 Minuten

1 Grapefruit
150 g Magerjoghurt
2 EL Weizenkleie
1 TL Leinsamen
2 EL Maisknusperflocken

1. Die Grapefruit schälen, dabei die weiße Haut auch mit entfernen. Die Grapefruit in schmale Spalten schneiden, diese würfeln.
2. Die Fruchtwürfel mit Joghurt, Kleie, Leinsamen und Knusperflocken verrühren.

Pikantes Quarkbrötchen

Zwischenmahlzeit

Für 2 Personen
Zubereitungszeit: ca. 10 Minuten

200 g Magerquark
1 grüne Paprikaschote
1 EL gehackte Petersilie
Paprikapulver edelsüß
Pfeffer
2 Vollkornbrötchen

1. Den Quark in eine Schüssel geben. Die Paprikaschote waschen und halbieren, dabei Strunk, weiße Trennwände und Kerne entfernen. Den Paprika sehr fein schneiden.
2. Petersilie unter den Quark ziehen und mit Paprikapulver und Pfeffer abschmecken. Die Paprikastücke unterrühren.
3. Den Paprikaquark auf die Brötchen streichen.

Extratipp !

Dieser erfrischend-pikante Brotaufstrich schmeckt auch gut zu Pellkartoffeln.

Spinatklöße überbacken (Foto rechts)

Mittags

Für 4 Personen

Zubereitungszeit: ca. 50 Minuten

600 g Blattspinat (auch TK)
Salz
250 g Magerquark
2 Eier
60 g Mehl
Pfeffer
Muskatnuss
80 g Gorgonzola
70 ml Magermilch
Mineralwasser
40 g Parmesan

Extratipp

Statt mit Mehl können Sie die Masse auch mit 2 in Milch eingeweichten und wieder ausgedrückten Brötchen binden. Zu den Spinatklößen passt jeder frische Salat.

1. Den Spinat waschen, verlesen, die dicken Stiele abschneiden und in $^1/_4$ Liter Wasser knapp 5 Minuten garen. Das Wasser abgießen, den Spinat in einem Sieb abtropfen und auskühlen lassen.
2. In einem großen, weiten Topf reichlich Salzwasser zum Kochen bringen.
3. Den Spinat grob hacken und zusammen mit dem Quark, den Eiern und dem Mehl zu einem Teig verarbeiten. Mit Pfeffer und Muskat abschmecken.
4. Von dem Teig mit zwei Esslöffeln kleine Klöße abstechen, ins kochende Wasser gleiten lassen, und ziehen lassen, bis diese an die Oberfläche steigen.
5. Inzwischen den Gorgonzola in einem Topf schmelzen lassen, die Milch und einen Schuss Mineralwasser einrühren.
6. Die Spinatklöße mit einem Schaumlöffel aus dem Topf nehmen, in eine Auflaufform setzen und mit der Sauce übergießen. Mit dem geriebenen Parmesan bestreuen und nur kurz im Backofen übergrillen, bis der Käse geschmolzen ist.

1 Hand voll gemischte Nüsse

Zwischenmahlzeit

Rinderfilet aus dem Suppentopf

Abends

Für 4 Personen
Zubereitungszeit: ca. 1 Stunde

3 Stangen Lauch
5 Karotten
200 g Sellerie
4 Kartoffeln
1 Zwiebel
2–3 Lorbeerblätter
2–3 Nelken
2 l Fleischbrühe
700 g Rinderfilet
Salz, Pfeffer
Küchengarn
200 g Magerjoghurt
50 g Magerquark
gemischte und gehackte Kräuter

1. Den Lauch putzen, der Länge nach durchschneiden, unter fließend kaltem Wasser gründlich auswaschen. Die Karotten, den Sellerie und die Kartoffeln waschen und schälen. Die Kartoffeln in kaltes Wasser legen, damit sie nicht braun werden. Die Zwiebel abziehen und halbieren. Die Lorbeerblätter mit Nelken an den Zwiebelhälften feststecken.
2. Das Gemüse sowie die Kartoffeln in mundgerechte gleichmäßige Stücke schneiden. Die Brühe in einem großen Topf zum Kochen bringen.
3. Das Filet salzen und pfeffern und mit Küchengarn zusammenbinden, damit es beim Kochen in Form bleibt. Eine Schlaufe für den Kochlöffel lassen.
4. Das Gemüse und die gespickte Zwiebel in die Brühe geben, das Fleisch in die nur siedende, nicht mehr kochende Brühe hängen und etwa 20 Minuten ziehen lassen.
5. Inzwischen den Joghurt mit dem Quark und den gehackten Kräutern in einer Schüssel verrühren, mit Salz und Pfeffer abschmecken.
6. Das Fleisch herausnehmen und einige Minuten ruhen lassen, dann in Scheiben schneiden. Filetscheiben mit dem Gemüse und der Kräutersauce anrichten.

1. Woche – Sonntag

Extratipp

Statt in einem Waffeleisen können Sie den Teig auch wie Pfannkuchen in einer beschichteten Pfanne ausbacken.

Buttermilchwaffeln mit Kirschen (Foto oben) Morgens

Für 5 bis 6 Stück
Zubereitungszeit: ca. 40 Minuten

1 Ei	*3 EL Haferflocken*
150 ml Buttermilch	*3 EL Dinkelmehl*
1 Pr. Salz	*1 Msp. Backpulver*
1 EL Honig	*Kirschkompott (zuckerreduziert)*

1. Das Ei trennen. Das Eiweiß zu Eischnee steif schlagen und kalt stellen. Die Buttermilch mit dem Eigelb und Salz schaumig schlagen. Den Honig und die Haferflocken kurz unterrühren.
2. Das Mehl mit dem Backpulver unterheben und einige Minuten stehen lassen. Zuletzt den Eischnee vorsichtig unterziehen.
3. Die Waffeln im Waffeleisen backen und mit Kirschkompott, Marmelade oder Quark anrichten.

Keine Zwischenmahlzeit

Ananashähnchen

Mittags

Für 4 Personen
Zubereitungszeit: ca. 50 Minuten

120 g Vollkornreis	*Curry*
1/2 l Gemüsebrühe	*Pfeffer*
450 g Stangensellerie	*Salz*
200 g Ananas (aus der Dose, ungezuckert)	*1 TL Erdnussöl*
700 g Hähnchenbrustfilet	*2 EL gehackte Petersilie*

Extratipp
Dazu schmeckt ein frischer Feldsalat mit einem Dressing aus Zitrone, Joghurt, Öl, Salz und Pfeffer.

1. Den Reis in der Gemüsebrühe garen. Zur exakten Garzeit – je nach Sorte – beachten Sie bitte die Packungsangabe.
2. Den Sellerie waschen, putzen und in feine Scheiben schneiden. Die Ananas abgießen, dabei den Saft auffangen und das Fruchtfleisch in feine Stücke schneiden.
3. Die Hähnchenbrustfilets kalt abwaschen, trockentupfen, in Streifen schneiden und mit Curry, Pfeffer und wenig Salz würzen.
4. Das Öl in einer beschichteten Pfanne erhitzen, das Fleisch darin auf beiden Seiten anbraten, danach das Fett abgießen. Den Sellerie zugeben und mitdünsten. Die Ananasstücke zugeben, mit etwas Saft angießen. Alles bei geschlossenem Deckel kurz durchgaren und nochmals abschmecken.
5. Den Reis abgießen, zurück in den Topf geben, die Petersilie unterrühren und zum Ananashähnchen servieren.

Erdbeerbrötchen (Foto unten)

Zwischenmahlzeit

Zubereitungszeit: ca. 10 Minuten

1 Vollkornbrötchen
100 g Erdbeeren
4 EL Hüttenkäse

1. Die Erdbeeren waschen, dabei die Stielansätze entfernen und die Früchte in Scheiben schneiden.
2. Das Brötchen halbieren, den Hüttenkäse darauf verteilen und mit den Erdbeerscheiben belegen.

Brokkoli überbacken mit Ofenkartoffeln

Abends

Für 4 Personen

Zubereitungszeit: ca. 1 Stunde

4 Kartoffeln
2 Brokkoli
2 Zwiebeln
2 Knoblauchzehen
1 kleine Dose gewürfelte Tomaten
Bohnenkraut
Pfeffer, Salz
100 g Edamer 30% Fett i.d.Tr.

Extratipps

Auf die Schnittflächen der Kartoffeln können Sie nach Geschmack Knoblauch oder Kümmel geben. Zum überbackenen Brokkoli schmeckt auch Vollkornbrot.

1 Die Kartoffeln waschen. Das Gitter für den Backofen in der Mitte einschieben und zur Hälfte mit Backpapier auslegen. Reichlich leicht gesalzenes Wasser zum Kochen bringen.

2 Inzwischen den Brokkoli putzen, waschen und in die Röschen zerteilen. Diese ins kochende Wasser legen und 5 Minuten blanchieren. Herausnehmen und abschrecken.

3 Den Backofen auf 190 °C (Umluft 170 °C, Gas Stufe 3) vorheizen. Die Zwiebeln und den Knoblauch abziehen und fein würfeln. Die gewürfelten Tomaten mit den Zwiebeln und dem Knoblauch in einem Topf 10 Minuten kochen lassen. Mit Bohnenkraut, Pfeffer und wenig Salz abschmecken.

4 Die Kartoffeln halbieren, mit der Schnittfläche auf das Backpapier legen und je nach Größe 30 bis 35 Minuten backen.

5 Inzwischen den Brokkoli in eine feuerfeste Form schichten, mit den Tomaten übergießen und mit dem geriebenen Käse bestreuen. Die Form 15 Minuten vor Ende der Garzeit der Kartoffeln dazustellen und beides gemeinsam zu Ende backen.

Fall Sie für das Schrotmüsli gerade keine Beeren zur Hand haben, können Sie selbstverständlich auch andere Obstsorten verwenden. Ganz nach Lust und Laune.

2. Woche – Montag

Schrotmüsli mit Beeren (Foto oben)

Morgens

Zubereitungszeit: ca. 15 Minuten

2 EL grob geschroteter Weizen
150 g Beeren, je nach Saison
150 g fettarmer Joghurt
1 EL Akazienhonig

1 Das Schrot mit Wasser bedecken und über Nacht einweichen.
2 Am nächsten Morgen das überschüssige Wasser abgießen. Die Beeren waschen und verlesen. Den Joghurt mit dem Honig in einem Suppenteller verrühren, die Beeren und den Schrot unterrühren.

1 Scheibe Apfelbrot

Zwischenmahlzeit

Rezept siehe Seite 55

Extratipp

Man kann den Geschmack der Salbeinudeln variieren, indem man sie mit Zitronensaft abschmeckt.

Salbeinudeln mit Fruchtsalat

Mittags

Für 4 Personen

Zubereitungszeit: ca. 50 Minuten

1 große Sellerieknolle
2 Äpfel
Saft von 1 Zitrone
1 Grapefruit
1 Blutorange
1/3 frische Ananas
1 Banane
1/2 Bund Zitronenmelisse
125 g Magerjoghurt
2–3 EL Apfelessig
Salz, Pfeffer
Salatblätter zum Anrichten
70 g gehackte Nüsse
500 g Vollkornnudeln
400 g Champignons
frischer Salbei
1 Zwiebel
1 TL Olivenöl
2 EL Crème fraîche
1 Tasse Magermilch

1. Für den Fruchtsalat den Sellerie schälen. Die Äpfel waschen und das Kerngehäuse entfernen. Sellerie und Äpfel grob raspeln und mit Zitronensaft beträufeln. Grapefruit und Orange schälen und filitieren. Die Ananas schälen und in Stifte schneiden. Die Banane schälen und in Scheiben schneiden. Das Obst unter den Sellerie mischen.
2. Die Melisse waschen, in feine Streifen schneiden und mit Joghurt, Apfelessig, Salz und Pfeffer verrühren. Die Marinade zum Fruchtsalat geben und kalt stellen.
3. Auf einer Platte die Salatblätter auslegen, den Fruchtsalat darauf anrichten und mit den Nüssen garnieren. Kalt stellen.
4. Die Nudeln in Salzwasser bissfest kochen. Die Champignons putzen und in Scheiben schneiden. Den Salbei waschen und zerkleinern. Die Zwiebel abziehen und fein würfeln.
5. Olivenöl erhitzen. Zwiebel und Pilze darin andünsten, bis die Flüssigkeit von den Pilzen verdunstet ist. Den Salbei zugeben und mitdünsten. Crème fraîche und Magermilch unterrühren.
6. Die noch heißen Nudeln in die Sauce geben, kräftig pfeffern und sofort servieren. Den Fruchtsalat als Nachtisch reichen.

Gemüsesaft

Zwischenmahlzeit

1 Glas Tomatensaft

Hirsesalat

Abends

Für 4 Personen

Zubereitungszeit: ca. 45 Minuten

die äußeren Blätter eines Kopfsalates
200 g Hirse
800 ml Gemüsebrühe
2 Zwiebeln
2 Knoblauchzehen
1 TL Pflanzenöl
200 g TK-Erbsen
200 g Cocktailtomaten
3 EL Rotweinessig
1 TL Akazienhonig
1 Msp. Meerrettich
Pfeffer, Salz
abgeriebene Schale von 1 Zitrone
1 Bund Petersilie
200 g Maiskörner (aus der Dose)

1 Die Kopfsalatblätter waschen und in den Kühlschrank stellen.
2 Die Hirse in der Gemüsebrühe einmal aufkochen und bei abgeschalteter Herdplatte 20 Minuten quellen lassen. Wenn nötig, abgießen.
3 Inzwischen die Zwiebeln und den Knoblauch abziehen. Zwiebeln in Ringe und Knoblauch in feine Scheiben schneiden. Das Pflanzenöl erhitzen, die Zwiebeln und den Knoblauch darin glasig dünsten. Die Erbsen zugeben und nach Packungsaufschrift garen, abschrecken und gut abtropfen lassen.
4 Die Cocktailtomaten waschen und halbieren. Essig mit Honig, Meerrettich, Pfeffer, Salz und Zitronenschale verrühren. Die Petersilie waschen, die Blättchen abzupfen, hacken und ins Dressing rühren. Das Dressing mit der Hirse, den Tomaten, den Erbsen und dem Mais vermengen, nochmals abschmecken.
5 Den Hirsesalat 1 Stunde ziehen lassen, dann auf den Salatblättern angerichtet servieren.

2. Woche – Dienstag

Sprossenmüsli

Morgens

Zubereitungszeit: ca. 15 Minuten

1/2 Honigmelone
1 EL Ahornsirup
100 ml Kefir
3 EL feine Haferflocken
50 g Weizensprossen

1. Die Honigmelone halbieren, die Kerne mit einem Löffel entfernen, die Melone schälen und das Fruchtfleisch würfeln.
2. Den Sirup zusammen mit dem Kefir und den Haferflocken verrühren. Zuletzt die Sprossen mit der Melone unterrühren.

Obst

Zwischenmahlzeit

Die zweite Hälfte der Melone vom Frühstück

Seelachsfilet im Champignonbett

Mittags

Für 4 Personen

Zubereitungszeit: ca. 55 Minuten

800 g Seelachsfilet	*Öl für die Folie*
Saft von 1/2 Zitrone	*Salz, Pfeffer*
400 g Champignons	*2 EL Sauerrahm*
Alufolie	*1 Bund Petersilie*

1. Das Fischfilet unter fließend kaltem Wasser kurz abwaschen, trockentupfen. Mit dem Zitronensaft beträufeln und durchziehen lassen.
2. Inzwischen die Champignons abbrausen, putzen und in blättrige Scheiben schneiden. Den Backofen auf 200 °C (Umluft 180 °C, Gas Stufe 3–4) vorheizen.
3. Zwei Stücke Alufolien auslegen und leicht mit Öl bepinseln.
4. Den Fisch salzen, pfeffern und auf die Folie legen. Die Champignons darauf verteilen, pfeffern, mit dem Sauerrahm beträufeln.
5. Die Folie so verschließen, dass keine Flüssigkeit austreten kann und den Fisch im Backofen etwa 15 bis 20 Minuten garen.
6. Die Petersilie waschen, trockenschwenken, die Blättchen abzupfen und grob hacken. Den Fisch herausnehmen, die Folie öffnen und den Fisch mit der gehackten Petersilie bestreuen.

Extratipp !

Dazu schmeckt ein frischer gemischter Salat.

Tatarbrötchen (Foto rechts, linke Hälfte)

Zwischenmahlzeit

Zubereitungszeit: ca. 25 Minuten

120 g Tatar
1 TL gehackte Petersilie
Pfeffer
Paprikapulver edelsüß
1 TL Pflanzenöl
1 Vollkornbrötchen
2 große Salatblätter
1 Tomate
1/2 Zwiebel
1 Stück Salatgurke

Extratipp
Die Fleischküchlein schmecken auf jedem Vollkornbrötchen.

1. Das Tatar mit 1 Esslöffel Wasser und der Petersilie zu einem Teig kneten. Mit Pfeffer und Paprikapulver abschmecken. Aus dem Teig mit angefeuchteten Händen 2 kleine, flache Küchlein formen.
2. Das Öl erhitzen, die Küchlein darin bei geschlossenem Deckel 5 Minuten garen, dabei einmal wenden.
3. Inzwischen das Brötchen halbieren. Die Salatblätter waschen und trockentupfen. Tomate waschen und in Scheiben schneiden, Zwiebel abziehen und in Ringe schneiden. Gurke schälen und in Scheiben schneiden.
4. Die Salatblätter auf die Brötchenhälften legen, darüber abwechselnd schuppenförmig die Tomaten- und Gurkenscheiben legen.
5. Die fertigen Fleischküchlein aus der Pfanne nehmen, auf die Brötchen setzen und die Zwiebelringe darauf verteilen.

Zwei würzige Zwischenmahlzeiten: Tatarbrötchen (links) und Tomatenbaguette (rechts, Rezept Seite 111).

Tomatensuppe

Abends

Für 4 Personen
Zubereitungszeit: ca. 30 Minuten

1 kg Tomaten	*gut 1/2 l Gemüsebrühe*
1 Zwiebel	*1 Stängel Basilikum*
1 TL Olivenöl	*1 Zweig Oregano*
1 Knoblauchzehe	*Pfeffer, Salz*
1 Schuss trockener Wein	*1 Msp. Safran*

Extratipp
Der Safran verleiht dieser Suppe die kräftige Farbe.

1. Die Tomaten waschen, die Stielansätze entfernen und die Tomaten achteln. Die Zwiebel abziehen und fein würfeln.
2. Das Öl erhitzen, die Zwiebel darin glasig dünsten, die ganze abgezogene Knoblauchzehe und die Tomatenachtel dazugeben und mitdünsten. Mit Wein ablöschen und mit der Brühe aufgießen.
3. Die Kräuter abbrausen und zugeben. 8 bis 10 Minuten bei schwacher Hitze kochen lassen.
4. Die Suppe im Mixer pürieren. Mit Pfeffer, wenig Salz und Safran würzen.

2. Woche – Mittwoch

Dinkel-Bananen-Müsli

Morgens

Zubereitungszeit: ca. 10 Minuten

40g geschrotete Dinkelkörner *1 Banane*

Den Schrot mit Wasser anrühren und über Nacht quellen lassen. Am nächsten Morgen die Banane schälen, mit einer Gabel zerquetschen und mit dem Dinkel vermischen.

Gefüllter Blumenkohl

Mittags

Zwischenmahlzeit: Genießen Sie beim Vormittagspäuschen 150 g Magerjoghurt!

Für 4 Personen
Zubereitungszeit: ca. 1 Stunde

1 großer oder 2 kleine Blumenkohl
1 Bund Petersilie
300 g Tatar
Pfeffer, Salz
1 Ei
750 g Tomaten
1 Knoblauchzehe

1. Den Blumenkohl putzen, waschen und im Dampfdrucktopf 2 bis 4 Minuten vorgaren. Herausnehmen und abkühlen.
2. Die Petersilie waschen und fein hacken. Das Tatar kräftig pfeffern und salzen. Das Ei und die Petersilie unterrühren. Mit dem Fleischteig den Blumenkohl von allen Seiten füllen.
3. Die Tomaten waschen, die Stielansätze entfernen und die Tomaten achteln. Knoblauch abziehen und pressen. Tomaten und Knoblauch in eine Auflaufform mit Deckel geben. Den Backofen auf 200 °C (Umluft 180 °C, Gas Stufe 3–4) vorheizen.
4. Die Tomaten aufkochen und abschmecken. Den Blumenkohl mit dem Strunk nach unten darauf setzen, die Form schließen und den Blumenkohl etwa 30 bis 40 Minuten garen.

Extratipp !

Dazu schmecken mit gehackter Petersilie bestreute Salzkartoffeln.

Kiwijoghurt

Zwischenmahlzeit

Zubereitungszeit: ca. 10 Minuten

125g Magerjoghurt
2 Kiwis

1 Den Joghurt in ein Glasschälchen geben. Die Kiwis schälen, der Länge nach vierteln und quer in feine Scheiben schneiden.
2 Die Kiwischeiben unter den Joghurt mischen.

Tomatenrisotto

Abends

Für 4 Personen
Zubereitungszeit: ca. 45 Minuten

1 Zwiebel
2 Tassen Natur-Rundkornreis
1 EL Olivenöl
$^1/_8$ l trockener Weißwein
1 große Dose geschälte Tomaten
etwa $^1/_2$ l heiße Gemüsebrühe
Pfeffer, Salz
gemischte Kräuter
50 g Parmesan

Extratipp

Die benötigte Flüssigkeit richtet sich nach den Tomaten und danach, wie viel Flüssigkeit beim Kochen verdampft.

1 Die Zwiebel abziehen und fein würfeln. Den Reis heiß überbrausen und verlesen.
2 Das Öl erhitzen und darin die Zwiebel glasig dünsten. Den Reis zugeben und unter Rühren andünsten. Mit Wein ablöschen und unter ständigem Rühren bei schwacher Hitze kochen lassen, bis der Reis den Wein aufgesogen hat.
3 Nach und nach die Tomaten samt Flüssigkeit zugeben, weiterrühren, bis die Flüssigkeit aufgesogen ist. Anschließend immer wieder heiße Brühe aufgießen und weiter rühren, bis der Reis gar ist.
4 Den Risotto mit Pfeffer und Salz würzen. Mit gehackten Kräutern und geriebenem Parmesan bestreuen.

2. Woche – Donnerstag

Champignon-Käse-Brot

Morgens

Zubereitungszeit: ca. 20 Minuten

60 g Champignons
Saft von $^{1}/_{2}$ Zitrone
1 EL Petersilie
Pfeffer, Salz
1 Scheibe Vollkornbrot
1 Scheibe Tilsiter
30% Fett i. d. Tr.
1 TL Olivenöl

1 Die Champignons putzen und in Scheiben schneiden. Die Pilze mit Zitronensaft und gehackter Petersilie vermengen, pfeffern und salzen.

2 Die gewürzten Champignons auf der Brotscheibe verteilen, den Käse darüber legen. Das Öl erhitzen und das Brot in einer Pfanne zugedeckt erwärmen, bis der Käse geschmolzen ist.

Fruchtiger Joghurtdrink

Zwischenmahlzeit

Zubereitungszeit: ca. 10 Minuten

80 g Joghurt
1–2 EL Honig
150 ml Holundersaft
150 ml Ananassaft
Saft von $^{1}/_{2}$ Zitrone

Joghurt, Honig, Holunder- und Ananassaft im Mixer oder mit dem Pürierstab aufschäumen. Mit Zitronensaft abschmecken und gekühlt trinken.

Auberginen-Tomaten-Auflauf

Mittags

Für 4 Personen

Zubereitungszeit: ca. 1 Stunde ohne Backzeit

200 g Dinkel
1/2 l Gemüsebrühe
3 große Auberginen
1 TL Olivenöl
1 Zweig Thymian
1 Zwiebel
2 Knoblauchzehen
Pfeffer, Salz
500 ml passierte Tomaten
3 Eigelbe
1 Mozzarella

1. Den Dinkel in der Gemüsebrühe bissfest kochen, abgießen und beiseite stellen.
2. Inzwischen die Auberginen waschen, die Stiele abschneiden und die Auberginen in 1 cm dicke Scheiben schneiden.
3. Eine beschichtete Pfanne mit Olivenöl auspinseln, erhitzen und darin die Auberginenscheiben kurz auf beiden Seiten scharf anbraten. Herausnehmen und zwischen zwei Geschirrtücher legen, andrücken.
4. Den Thymianzweig waschen, trockenschwenken und die Blättchen abzupfen. Die Zwiebel und den Knoblauch abziehen, fein würfeln und glasig dünsten. Den Dinkel zugeben und mit Thymian, Pfeffer und wenig Salz abschmecken.
5. Den Backofen auf 200 °C (Umluft 180 °C, Gas Stufe 3–4) vorheizen. Die Auberginen in eine feuerfeste Form schuppenförmig einschichten, die Dinkelmasse gleichmäßig darauf verteilen.
6. Die passierten Tomaten mit den Eigelben kräftig durchschlagen. Den Mozzarella würfeln und unter die Tomaten rühren. Die Masse auf den Auberginen verteilen. Den Auflauf im Backofen etwa 40 Minuten backen.

Sprossenkirschen

Zwischenmahlzeit

Zubereitungszeit: ca. 10 Minuten

70 g Joghurt
2 EL Haferflocken
2 EL Hirsesprossen
100 g Sauerkirschen

1 Den Joghurt in ein Glasschälchen geben, die Haferflocken darauf verteilen. Die Sprossen abbrausen, darüber streuen und alles vermengen.

2 Die Kirschen waschen und dazu essen oder entsteinen und untermischen.

Knoblauchpilze

Abends

Für 4 Personen
Zubereitungszeit: ca. 30 Minuten

1 kg feste Pilze
10 Knoblauchzehen
je 1 Bund Petersilie, Majoran, Oregano
1 EL Pflanzenöl
125 ml Wein
Pfeffer, Salz
Saft von 1 Zitrone

1 Die Pilze putzen und vierteln. Die Knoblauchzehen abziehen und durch die Presse drücken. Die Kräuter waschen, trockenschwenken, die Blättchen abzupfen und fein hacken.

2 Das Öl erhitzen, die Pilze darin andünsten, mit Wein ablöschen. Den Knoblauch und die Kräuter zugeben und zugedeckt 10 Minuten garen. Die Pilze mit Pfeffer, wenig Salz und Zitronensaft abschmecken.

Extratipp !

Dazu schmeckt am besten ein frisches knuspriges Vollkornbaguette und ein frischer grüner Salat mit Tomaten.

2. Woche – Freitag

Knuspermaismüsli

Morgens

Zubereitungszeit: ca. 10 Minuten

1 kleine Banane
6 EL Maisknusperflocken
200 ml Holundersaft

Die Banane schälen und in Scheiben schneiden. Die Knusperflocken in einen Teller geben, die Bananenscheiben darauf verteilen und den Saft darüber gießen.

Radieschenbrot

Zwischenmahlzeit

Zubereitungszeit: ca. 10 Minuten

1 Bund Radieschen
Salz
1 Scheibe Vollkornbrot
1 TL Butter

Die Radieschen waschen, das Grün abschneiden und die Radieschen in Scheiben schneiden, leicht salzen. Das Brot dünn mit Butter bestreichen und mit den Radieschenscheiben belegen.

Paella

Mittags

Für 4 Personen

Zubereitungszeit: ca. $1^1/_2$ Stunden

400 g gemischte TK-Meeresfrüchte
1 l Fischfond (aus dem Glas)
1 Msp. Safran
100 g Staudensellerie
1 Zwiebel
2 Knoblauchzehen
1 EL Pflanzenöl
300 g Milchreis
250 g Strauchtomaten
Pfeffer, Salz

1. Die Meeresfrüchte nach Packungsangabe auftauen lassen.
2. Den Fischfond erhitzen, den Safran hineingeben. Den Staudensellerie putzen, waschen und in feine Scheiben schneiden. Die Zwiebel und den Knoblauch abziehen und in feine Würfel schneiden.
3. Das Öl in einer Pfanne erhitzen und darin die Zwiebel glasig dünsten. Den Staudensellerie und zuletzt den Knoblauch zugeben. Den Reis kurz mitdünsten, mit dem Fischfond aufgießen und 15 Minuten bei geschlossenem Deckel und bei schwacher Hitze kochen lassen.
4. Inzwischen die Tomaten waschen, die Stielansätze entfernen und die Tomaten in Spalten schneiden. Die Tomaten und die aufgetauten Meeresfrüchte unter den Reis mischen.
5. Die Paella pfeffern und salzen und in 15 Minuten fertig garen.

Gebäck

Zwischenmahlzeit

1 Stück Käsesahnetorte vom Bäcker

Gemischter Salat mit Brot

Abends

Für 4 Personen

Zubereitungszeit: ca. 25 Minuten

250 g Spinat
8 EL Sprossen
4 Tomaten
1 Gurke
2 Karotten
3 Lauchzwiebeln
3 EL Kräuteressig
1 EL Zitronensaft
1 TL mittelscharfer Senf
1 Msp. Meerrettich
2 EL Olivenöl
1 EL Akazienhonig
Pfeffer, Salz
1 Knoblauchzehe
einige frische Champignons
4-8 Scheiben Vollkornbrot

Extratipp

Sprossen kann man leicht selbst »anbauen«. Holen Sie sich die Samen aus dem Reformhaus und lassen Sie sie in einem Glas keimen. So haben Sie immer frische Vitamine und Vitalstoffe zum Kochen.

1. Den Spinat und die Sprossen verlesen, waschen und trockenschwenken. Die Tomaten waschen, die Stielansätze entfernen und die Tomaten in Spalten schneiden. Die Gurke schälen und hobeln. Die Karotten schälen und grob raspeln. Die Lauchzwiebeln putzen, waschen und in feine Ringe schneiden.
2. Für das Dressing Essig, Zitronensaft, Senf, Meerrettich, Olivenöl, Honig vermengen, pfeffern und salzen.
3. Eine Salatschüssel mit der abgezogenen Knoblauchzehe ausreiben. Das Gemüse in die Schüssel geben, zuletzt den Spinat und die Sprossen unterrühren.
4. Die Champignons putzen, blättrig schneiden und über dem Salat verteilen. Dazu das Vollkornbrot reichen.

2. Woche – Samstag

Guten-Morgen-Brunch

Morgens

Zubereitungszeit: ca. 15 Minuten

150 g Magerquark
Mineralwasser
200 g schwarze Johannisbeeren
$^1/_2$ TL Honig
1 Vollkornbrötchen
1–2 TL Marmelade
1 Scheibe magerer Schinken
1 Ei
Kräutersalz

1. Den Quark je nach Konsistenz mit etwas Mineralwasser glatt rühren. Die Beeren waschen, verlesen und unter den Quark rühren. Nach Bedarf mit etwas Honig süßen.
2. Das Brötchen halbieren, eine Hälfte mit Marmelade bestreichen, die andere mit magerem Schinken belegen.
3. Das Ei nach Geschmack weich oder hart kochen und mit Kräutersalz bestreuen.

Extratipp

Anstatt der Johannisbeeren können Sie auch andere Beeren oder anderes Obst verwenden.

keine Zwischenmahlzeit

Tofupfanne (Foto rechts)

Mittags

Für 4 Personen

Zubereitungszeit: ca. 40 Minuten

300 g fester Tofu
1 Stange Lauch
200 g Brokkoli
2 Karotten
100 g TK-Erbsen
3 Stangen Staudensellerie
70 g Kichererbsensprossen
70 g Kürbiskernsprossen
1 TL Erdnussöl
Cayennepfeffer
Kurkuma, Pfeffer
1 Bund Koriandergrün

1. Den Tofu abgießen, in kleine Würfel schneiden. Lauch putzen, halbieren, unter fließendem Wasser waschen und in Streifen schneiden. Den Brokkoli waschen und in kleine Röschen teilen. Erbsen auftauen lassen. Die Karotten schälen und in feine Stifte schneiden. Den Sellerie waschen und in Scheiben schneiden. Die Sprossen kalt abbrausen und abtropfen lassen.
2. Das Öl in einer beschichteten Pfanne erhitzen, das Gemüse und die Kichererbsensprossen zugeben und alles bissfest dünsten. Mit Cayennepfeffer, Kurkuma und Pfeffer würzen.
3. Die Tofuwürfel und die Kürbiskernsprossen unterrühren. Die Tofupfanne mit gehacktem Koriandergrün bestreuen und sofort servieren.

Bananenmilch

Zwischenmahlzeit

Zubereitungszeit: ca. 10 Minuten

½ Banane
¼ l Magermilch
Zitronensaft

Die halbe Banane in Stücke schneiden. Bananenstücke und Milch im Mixer pürieren. Die Bananenmilch nach Geschmack mit etwas Zitronensaft abschmecken.

Putenbraten mit Tomatensauce und Fenchelgemüse

Abends

Für 4 Personen

Zubereitungszeit: ca. $1\frac{1}{2}$ Stunden

600 g Putenfleisch
Pfeffer, Salz
Korianderkörner
1 Bratschlauch
700 g Tomaten (aus der Dose)
Chilipulver
3 Zwiebeln
2–3 EL Crème fraîche
1 Bund Koriander
750 g Fenchel
1 Zwiebel
1 TL Erdnussöl
Zitronensaft
1 EL geröstete Sesamsamen

1. Den Backofen auf 190 °C (Umluft 170 °C, Gas Stufe 3) vorheizen. Das Fleisch abwaschen, trockentupfen und mit Pfeffer, Salz und zerstoßenem Koriander einreiben.
2. Das Fleisch in den Bratschlauch legen und nach Packungsaufschrift verschließen. Den Schlauch auf das Backblech legen und im Backofen 1 Stunde garen.
3. Inzwischen die Tomaten pürieren und mit Chili scharf würzen. Die Zwiebeln abziehen und fein würfeln. Die Crème fraîche unter die Tomatensauce rühren. Den Koriander waschen, hacken und unterrühren.
4. Für das Fenchelgemüse den Fenchel halbieren, den Strunk ausschneiden, die Stängel teilen, die feinen Blätter beiseite legen. Den Fenchel waschen und in Streifen schneiden.
5. Die Zwiebel abziehen und fein würfeln. Das Öl erhitzen, die Zwiebel darin glasig dünsten, den Fenchel zugeben und 10 Minuten dünsten. Salzen und pfeffern. Wenn nötig, etwas Wasser angießen. Mit etwas Zitronensaft abschmecken.
6. Inzwischen das Fenchelgrün klein hacken und zuletzt mit den Sesamsamen dazugeben.

Extratipp

Beides – Fleisch und Sauce – können Sie kalt oder warm servieren. Dazu schmeckt eine Auswahl an kräftigen Vollkornbroten.

2. Woche – Sonntag

Vollkornschlemmereien

Morgens

Zubereitungszeit: ca. 15 Minuten

1 Scheibe Vollkornbrot	*1 TL Nutella*
1 TL Butter	*2 Scheiben Putensülze*
1 TL Honig	*1 Ei*
1 Vollkornbrötchen	*Kräutersalz*

1. Die Brotscheibe dünn mit Butter und Honig bestreichen.
2. Das Vollkornbrötchen halbieren und eine Seite dünn mit Nutella bestreichen, auf die andere Hälfte 2 Scheiben Putensülze legen.
3. Das Ei nach Belieben weich oder hart kochen und mit wenig Kräutersalz bestreuen.

Obst

Zwischenmahlzeit

1 Stück Obst nach Wahl

Bunter Fischeintopf

Mittags

Für 4 Personen
Zubereitungszeit: ca. 1 Stunde

200 g TK-Krabben
200 g weißes Heilbuttfilet
200 g Rotbarschfilet
Saft von 1 Zitrone
1 Bund Frühlingszwiebeln
3 Karotten
500 g Fenchel
1 l Gemüsebrühe
Salz, Pfeffer
1 Bund Dill

1 Die Krabben nach Packungsangabe auftauen lassen. Inzwischen die Fischfilets kalt abwaschen, trockentupfen und mit Zitronensaft beträufeln.

2 Die Zwiebeln abziehen und in feine Ringe schneiden. Die Karotten schälen und in feine Stifte schneiden. Den Fenchel putzen, waschen, halbieren und den Strunk ausschneiden. Den Fenchel vierteln und in feine Streifen schneiden. Das Fenchelgrün fein hacken und beiseite stellen.

3 In einen großen Topf ca. 200 Milliliter Gemüsebrühe geben, die Zwiebeln darin garen. Den Fenchel zugeben und 5 Minuten bei geschlossenem Topf und bei schwacher Hitze kochen lassen. Die Karotten unterrühren.

4 Mit der restlichen Gemüsebrühe aufgießen und aufkochen. Den Fisch in mundgerechte Stücke schneiden und zusammen mit den Krabben in die Brühe geben.

5 Den Fischeintopf salzen und pfeffern. Den Herd ausschalten, den Topf schließen und den Eintopf 5 bis 10 Minuten ziehen lassen. Den Dill abbrausen, trockenschwenken und fein hacken. Den Eintopf mit gehacktem Dill und Fenchelgrün bestreut servieren.

Kirschmuffins (1 Stück)

Zwischenmahlzeit

Für 6 Stück
Zubereitungszeit: ca. 50 Minuten

6 Pergamentförmchen
50g zimmerwarme Butter
60 g brauner Zucker
1 Pr. Salz
Nelkenpulver
1 Ei
1/8 l Buttermilch
1 Msp. Backnatron
1 TL Backpulver
30 g Grieß
100 g Vollkornmehl
150 g Kirschen (aus dem Glas, ungezuckert)

1 Den Backofen auf 190 °C (Umluft 170 °C, Gas Stufe 3) vorheizen.

2 Butter, Zucker, Salz und Nelkenpulver mit den Schneebesen des Handrührgerätes schaumig rühren. Das Ei zugeben und anschließend die Buttermilch einrühren. Backnatron, Backpulver, Grieß und Vollkornmehl nacheinander zugeben.

3 Die abgetropften Kirschen unterziehen. Den Teig in die Förmchen füllen und 20 bis 30 Minuten backen.

Gerstensuppe

Abends

Für 4 Personen
Zubereitungszeit: ca. 40 Minuten

150 g Gerstenkörner
60 g getrocknetes Rindfleisch
80 g Karotten
80 g Lauch
80 g Knollensellerie
80 g Kohlrabi
2 Stangen Bleichsellerie
1 TL Sesamöl
250 ml trockener Weißwein
$1^1/_2$ l Gemüsebrühe
1 Bund Petersilie
Pfeffer

1 Die Gerstenkörner 12 Stunden oder über Nacht in Wasser einweichen, abgießen.
2 Das Fleisch in sehr kleine Würfel schneiden. Die Karotte schälen, den Lauch putzen, halbieren und waschen, den Sellerie und den Kohlrabi schälen, den Bleichsellerie waschen. Das Gemüse in gleichmäßige, sehr kleine Würfel schneiden.
3 Das Öl erhitzen und darin die Fleischwürfel und die Gerste andünsten. Mit Weißwein ablöschen. Mit der Gemüsebrühe aufgießen.
4 Das vorbereitete Gemüse zugeben, aufkochen und knapp 10 Minuten bei schwacher Hitze kochen lassen.
5 Inzwischen die Petersilie waschen, trockenschwenken und die Blättchen fein hacken.
6 Die Suppe mit Pfeffer würzen und mit der gehackten Petersilie bestreut servieren.

3. Woche – Montag

Grießbrei

Morgens

Zubereitungszeit: ca. 25 Minuten

1/2 l Magermilch
1 Pr. Salz
abgeriebene Schale von 1/2 Zitrone
25–30 g Vollkorngrieß
Zimtzucker

1. Die Milch mit Salz und Zitronenschale aufkochen. Den Grieß in die kochende Milch einrühren, die Hitze reduzieren und herunter schalten und den Brei in 10 Minuten gar kochen, dabei immer wieder umrühren.
2. Den Grießbrei in einen Suppenteller geben und mit Zimtzucker bestreuen.

Energieriegel (1 Riegel) (Foto rechts)

Zwischenmahlzeit

Für ca. 20 Stück
Zubereitungszeit: ca. 45 Minuten

60 g Aprikosen
60 g Datteln
60 g Rosinen
60 g Feigen
30 g Sonnenblumenkerne
30 g Sesamsamen
30 g Haselnusskerne
30 g Walnusskerne
120 g Haferflocken
2 TL Akazienhonig
4 TL Zitronensaft
2 TL Birnendicksaft
1 TL Pflanzenöl

1. Den Backofen auf 180 °C (Umluft 160 °C, Gas Stufe 2–3) vorheizen. Die Früchte und die Nüsse mit dem Wiegemesser fein wiegen oder im Mixer zerkleinern.

② Anschließend mit den Haferflocken, dem Akazienhonig, dem Zitronensaft und dem Birnendicksaft zu einer gleichmäßigen Masse vermischen.

③ Die klebrige Masse auf ein sehr sparsam geöltes Backblech streichen und im Backofen 10 bis 15 Minuten backen.

④ Aus dem Ofen nehmen und gleich mit einem Messer in Rechtecke schneiden. Die Riegel auskühlen lassen und in einer verschließbaren Dose aufbewahren.

Extratipp

Dieser Energieriegel ist zwar sehr kalorienhaltig, aber da er mit wenig Fett zubereitet wird, ersetzt er den »kleinen Hunger« auf Schokolade oder Bonbons.

Makkaroniauflauf mit Radicchio

Mittags

Zubereitungszeit: ca. 40 Minuten

1 Portion TK-Makkaroniauflauf
1 Radicchio
1 Frühlingszwiebel
2–3 EL Balsamicoessig
1 EL Olivenöl
1 TL Akazienhonig
Pfeffer, Salz

1. Den Makkaroniauflauf nach Packungsangabe zubereiten.
2. Inzwischen den Salat putzen, waschen und in mundgerechte Stücke zerpflücken. Die Zwiebel putzen und in feine Ringe schneiden.
3. Essig, Öl und Honig verrühren, das Dressing pfeffern und salzen. Den Salat mit der Zwiebel in eine Schüssel geben. Das Dressing unterheben. Den Salat zu dem Auflauf servieren.

Obstsalat

Zwischenmahlzeit

Zubereitungszeit: ca. 15 Minuten

1 Kiwi
1 Mandarine
$^1/_2$ Mango
Saft von 1 Zitrone
1 TL Honig
4–5 EL Cornflakes

1. Das Obst schälen, putzen und in mundgerechte Stücke schneiden. Die Obststücke in ein Schälchen geben, mit Zitronensaft beträufeln und mit dem Honig verrühren.
2. Die Cornflakes darauf verteilen.

Wurstsalat

Abends

Zubereitungszeit: ca. 20 Minuten

100 g Truthahnwurst
1 Tomate
1 grüne Paprikaschote
1/2 Salatgurke
2 Schalotten
1 EL gehackte Petersilie
1 EL Ketchup
1 Msp. mittelscharfer Senf
Saft von 1/2 Zitrone
Worcestersoße
1 Pr. Rohrzucker
Pfeffer, Salz
1 Scheibe Vollkornbrot

1. Die Wurst in Streifen schneiden. Das Gemüse waschen und putzen. Die Tomaten achteln, Paprika und Gurke in Streifen schneiden. Die Schalotten abziehen und in Ringe schneiden.
2. Die Petersilie mit dem Ketchup, dem Senf, dem Zitronensaft, und einigen Spritzern Worcestersoße sowie dem Zucker verrühren. Mit Pfeffer und Salz würzen.
3. Das Dressing mit den Wurststreifen und dem vorbereiteten Gemüse vermengen, etwas durchziehen lassen. Das Brot dazu essen.

3. Woche – Dienstag

Frischkornbrei mit Heidelbeeren

Morgens

Zubereitungszeit: ca. 15 Minuten

4 EL Kefir
3 EL geschroteter Weizen
Magermilch
100 g Heidelbeeren
1 TL Honig

Extratipp
Wer mag, kann auch gehackte Nüsse unterheben.

1. Den Kefir mit dem Weizenschrot verrühren und über Nacht im Kühlschrank quellen lassen. Am nächsten Morgen etwas Milch unterrühren.
2. Die Heidelbeeren waschen, verlesen und zusammen mit dem Honig unter den Brei rühren.

Vollkornbrötchen mit Salat

Zwischenmahlzeit

Zubereitungszeit: ca. 15 Minuten

1 Vollkornbrötchen
2 Salatblätter
2 EL Magerquark
Pfeffer, Salz
1 Tomate
100 g Salatgurke
frische Sprossen

1. Das Vollkornbrötchen halbieren. Die Salatblätter waschen und auf die untere Hälfte des Brötchens legen. Den Quark darauf streichen, pfeffern und salzen.
2. Tomate und Gurke waschen, putzen und in Scheiben schneiden. Das Brot damit belegen. Zuletzt mit den abgebrausten Sprossen bestreuen und zusammenklappen.

Fischlasagne

Mittags

Für 4 Personen
Zubereitungszeit: ca. $1\frac{1}{2}$ Stunden

30 g Weizenvollkornmehl
$\frac{1}{2}$ l Fischfond (aus dem Glas)
Pfeffer, Salz
Saft von 1 Zitrone
200 g Fischfilet
je 100 g Tintenfische, Muscheln und Garnelen
2 TL Dill
400 g Tomatenstücke (Dose)
je 1 TL gehackte Petersilie und Zitronenmelisse
150 g verzehrfertige Krabben
15 Lasagneblätter weiß und grün (ohne Vorkochen)

1. Das Mehl in einem Topf so lange anrösten, bis es duftet, mit dem Fischfond langsam aufgießen, einmal aufkochen und bei schwacher Hitze weiterkochen lassen, bis eine sämige Masse entstanden ist. Die Sauce beiseite stellen, mit Pfeffer, wenig Salz und Zitronensaft würzen.
2. Das Fischfilet in Streifen schneiden und mit den Meeresfrüchten unter die Sauce rühren, den gehackten Dill zugeben.
3. Die Tomaten erhitzen, salzen und pfeffern und die Kräuter sowie die Krabben zugeben.
4. Den Backofen auf 200 °C (Umluft 180 °C, Gas Stufe 3–4) vorheizen.
5. Lagenweise die Fischsauce, Lasagneblätter und Tomaten in eine feuerfeste Form füllen, mit einer Schicht Tomaten enden.
6. Die Auflaufform mit einem Deckel verschließen und $\frac{1}{2}$ Stunde garen, dann ohne Deckel weitere 15 Minuten fertig garen.

Obst

Zwischenmahlzeit

Wahlweise 1 Apfel oder 1 Birne

Italienischer Nudelsalat (Foto rechts)

Abends

Für 4 Personen
Zubereitungszeit: ca. 45 Minuten

250 g Vollkornhörnchennudeln
Salz
400 g Tomaten
2 Zucchini
1 TL Pflanzenöl
1 Zwiebel
1 Knoblauchzehe
1 Mozzarella
250 g Champignons
2 EL Sonnenblumenkerne oder Pinienkerne
1 Becher Magerjoghurt
3 EL Rotweinessig
1 EL Honig
Pfeffer
1 Bund Basilikum

Extratipp

Damit er sein volles Aroma entfalten kann, sollte der Salat vor dem Servieren etwa 1 Stunde ziehen.

1. Die Nudeln in reichlich Salzwasser bissfest kochen, abgießen und auskühlen lassen.
2. Inzwischen die Tomaten waschen, die Stielansätze entfernen und die Tomaten in schmale Stücke schneiden. Die Zucchini waschen, die Stielansätze entfernen, Früchte halbieren und die Kerne mit einem Esslöffel auskratzen. Die Zucchinihälften in feine Scheiben schneiden.
3. Das Pflanzenöl erhitzen, die Zucchini kurz gut durchbraten und beiseite stellen. Die Zwiebel und den Knoblauch abziehen. Den Knoblauch durch die Presse drücken, die Zwiebel sehr fein würfeln. Den Mozzarella abtropfen und in feine Streifen schneiden. Die Champignons putzen und blättrig schneiden.
4. Die Nudeln zusammen mit dem Gemüse und den Kernen in eine Schüssel geben.
5. Joghurt, Essig, Honig, Salz und Pfeffer verrühren. Über den Salat geben und unterziehen. Das Basilikum waschen und in feine Streifen schneiden. Zusammen mit dem Käse kurz unterheben.

Nivella

3. Woche – Mittwoch

Schoko-Bananen-Müsli

Morgens

Zubereitungszeit: ca. 10 Minuten

1 Banane
1 EL Haferflocken
1 EL Cornflakes
1 EL Maisflocken
1 TL Schokoraspel
200 ml Magermilch

Die Banane schälen und in Scheiben schneiden. Die Flocken und die Schokoraspel mit den Bananenscheiben vermischen. Zuletzt die Milch darüber gießen.

Obst

Zwischenmahlzeit

2 Scheiben Ananas, 1 Apfel, 2 Kiwis

Gefüllte Paprikaschoten

Mittags

Für 4 Personen

Zubereitungszeit: ca. $1^1/_2$ Stunden

$1^1/_4$ l Gemüsebrühe
250 g Maisgrieß
1 TL Olivenöl
4 grüne Paprikaschoten
4 Fleischtomaten
Oregano
Pfeffer, Salz
200 g Fontinakäse

1. 1 Liter Gemüsebrühe zum Kochen bringen, den Maisgrieß einrühren und bei schwacher Hitze 20 Minuten kochen lassen, dabei immer wieder umrühren, bis ein dicker Brei entstanden ist.
2. Den Backofen auf 200 °C (Umluft 180 °C, Gas Stufe 3–4) vorheizen. Den Boden einer Auflaufform mit Öl auspinseln.
3. Die Paprikaschoten waschen, quer durchschneiden, die Trennwände und Kerne entfernen, die Stiele nicht abschneiden. Die Tomaten waschen, die Stielansätze entfernen und das Fruchtfleisch würfeln.
4. Die Tomaten mit Oregano, Pfeffer und Salz kräftig würzen. Die Tomatenmasse in der Form verteilen und die Paprikahälften mit der Öffnung nach oben darauf setzen.
5. Die Paprikahälften mit der heißen Polenta füllen und im Backofen 30 Minuten garen. Dabei 2- bis 3-mal die restliche Brühe zugießen, die Tomaten umrühren und über die Polenta gießen.
6. Nach 30 Minuten den geriebenen Käse über die Paprika streuen und noch 10 Minuten garen, bis der Käse beginnt, braun zu werden.

Gebäck

Zwischenmahlzeit

1 Vollkornnusshörnchen vom Bäcker

Putensalat mit Obst

Abends

Für 2 Personen
Zubereitungszeit: ca. 50 Minuten

4 Chicorée
2 Kiwis
1 kleine Ananas
125 g Erdbeeren
125 g Magerjoghurt
2 EL grüne Pfefferkörner
1 EL Honig
1 TL gehackter Dill
1 Pr. Salz, Pfeffer
2 Putenschnitzel (à 130 g)
1 TL Pflanzenöl
1 Tasse gemischte Sprossen

Extratipp
Dazu schmeckt getoastetes Vollkornbrot.

1. Von den Chicorée den Strunk entfernen, die Blätter lösen und waschen. Die Kiwis schälen und in Scheiben schneiden. Die Ananas schälen, halbieren, den Strunk ausschneiden, das Fruchtfleisch achteln und fein aufschneiden. Die Erdbeeren waschen, Blütenansätze entfernen, Erdbeeren vierteln.
2. Joghurt, gehackte Pfefferkörner, Honig und Dill verrühren, mit Salz abschmecken. Die Schnitzel waschen, trockentupfen, pfeffern. Öl in einer Pfanne erhitzen und die Schnitzel von jeder Seite 3 Minuten braten.
3. Die Chicoréeblätter auf vier flachen Tellern sternförmig auslegen. Das Obst darauf anrichten, mit dem Dressing übergießen. Die Sprossen kalt abbrausen und darüber streuen. Das Fleisch noch warm in fingerdicke Streifen schneiden und auf dem Salat anrichten.

3. Woche – Donnerstag

Korngenuss

Morgens

Zubereitungszeit: ca. 15 Minuten

2 Scheiben Vollkornbrot
30 g Camembert (30% Fett)
1 TL Erdbeermarmelade
1 Salatblatt
2 dünne Scheiben Roastbeef
1 TL Sahnemeerrettich
1 Becher Dickmilch
Honig

Eine Scheibe Brot mit dem Camembert belegen und mit der Marmelade bestreichen. Die zweite Scheibe mit dem gewaschenen Salatblatt belegen, das Roastbeef darauf geben und dünn mit Sahnemeerrettich bestreichen. Die Dickmilch nach Geschmack mit etwas Honig süßen und dazu löffeln.

Obst

Zwischenmahlzeit

1 Stück Obst nach Wahl

Heute bleibt es Ihnen überlassen, wann Sie welche Zwischenmahlzeit zu sich nehmen.

Himbeermilch

Zwischenmahlzeit

Zubereitungszeit: ca. 10 Minuten

150 g Himbeeren
150 ml Buttermilch
1 TL Ahornsirup
1 TL Hefeflocken

Die Himbeeren verlesen und vorsichtig waschen. Die Beeren zusammen mit der Buttermilch und dem Ahornsirup im Mixer pürieren. Die Hefeflocken noch kurz untermixen. Die Himbeermilch sofort trinken.

Hähnchen nach Römerart (Foto rechts)

Mittags

Für 4 Personen

Zubereitungszeit: ca. $1^1/_2$ Stunden

1 Zweig Thymian
1 EL Paprikapulver edelsüß
100 ml trockener Weißwein
$^1/_8$ l Hühnerbrühe
Pfeffer
4 Hähnchenbrustfilets
4 Schalotten
150 g Champignons
2 Möhren
je 1 rote und grüne Paprikaschote
8 kleine Kartoffeln
1 Römertopf

1. Den Thymianzweig waschen und abzupfen. Das Paprikapulver mit Weißwein, Hühnerbrühe, Thymian und Pfeffer verrühren. Das Fleisch abwaschen und trockentupfen, eventuell vorhandenes Fett abschneiden.
2. Das Fleisch in eine Schüssel legen, mit der Marinade übergießen und zugedeckt einige Stunden ziehen lassen.
3. Die Schalotten abziehen und achteln. Die Champignons putzen und vierteln. Die Möhren schälen und in Stifte schneiden. Von den Paprikaschoten Stiele, Trennwände und Kerne entfernen und die Schoten achteln. Die Kartoffeln waschen, schälen und vierteln.
4. Das Gemüse und die Kartoffeln in den gewässerten Römertopf geben, das Fleisch darauf legen, mit der Hälfte der Marinade übergießen. Den Deckel schließen.
5. Die Filets im Backofen bei 200 °C (Umluft 180 °C, Gas Stufe 3–4) 35 bis 40 Minuten garen. Vor dem Servieren nochmals abschmecken.

Mangoldpudding

Abends

Für 4 Personen

Zubereitungszeit: ca. 1 1/2 Stunden

1 TL Erdnussöl	*100 g mageren Schnittkäse*
600 g Kartoffeln	*2 EL Vollkornmehl*
1 kg Mangold	*1 Pr. Salz*
3 Eier	*Muskatnuss*
200 g Putenschinken	*Pfeffer*

Extratipps

Dazu passt ein Rohkostsalat aus Rote Bete. Für eine fleischlose Variante lassen Sie den Putenschinken einfach weg.

1. Eine Puddingform sparsam mit dem Öl auspinseln.
2. Die Kartoffeln waschen und je nach Größe im Dampfdrucktopf 10 bis 15 Minuten garen. Die Kartoffeln noch heiß schälen und durch die Kartoffelpresse drücken.
3. Den Mangold waschen, verlesen, die dicken Stiele entfernen, die Blätter 2 bis 3 Minuten in kochendem Wasser blanchieren, kalt abschrecken und gut abtropfen lassen.
4. Die Eier trennen, die Eigelbe zu den Kartoffeln geben. Die Eiweiße zu sehr steifem Eischnee schlagen. Den Putenschinken in kleine Würfel schneiden.
5. Die Kartoffeln zusammen mit den Eigelben, dem geriebenen Käse, den Schinkenwürfeln und dem Vollkornmehl zu einem Teig verarbeiten. Den Mangold unter den Kartoffelteig rühren, den Eischnee unterziehen. Die Kartoffelmasse mit Salz, Muskatnuss und Pfeffer kräftig würzen.
6. Die Masse in die Puddingform geben und im Wasserbad 1 Stunde garen.

3. Woche – Freitag

Buchweizengrütze

Morgens

Zubereitungszeit: ca. 20 Minuten

1/2 l Wasser
50 g geschroteter Buchweizen
1 TL Honig
100 g frisches Obst nach Geschmack

1. Das Wasser zum Kochen bringen. Den Schrot einrühren und zugedeckt bei schwacher Hitze etwa 10 Minuten quellen lassen.
2. Den Brei in einen Suppenteller füllen, den Honig unterrühren. Das frische Obst waschen, in mundgerechte Stücke schneiden und dazu essen.

Fruchtige Knäckebrote

Zwischenmahlzeit

Zubereitungszeit: ca. 15 Minuten

2 Scheiben Knäckebrot
4 EL Hüttenkäse
1 Kiwi
50 g Erdbeeren
einige Scheiben Bananen
1 TL Waldhonig
1 EL Haferflocken

Jede Scheibe Knäckebrot mit 2 Esslöffeln Hüttenkäse bestreichen. Die Kiwi schälen, die Erdbeeren abbrausen, putzen und beides in Scheiben schneiden. Ein Knäckebrot mit Kiwi- und Erdbeerscheiben, das andere mit den Bananenscheiben belegen. Auf die Bananen den Honig träufeln, zuletzt die Haferflocken darüber streuen.

Käsespätzle mit Endiviensalat

Mittags

Für 4 Personen

Zubereitungszeit: ca. 50 Minuten

500 g Mehl Type 1050
3–4 Eier
1 TL Salz
3 Zwiebeln
1 EL Pflanzenöl
150 g Emmentaler
1 Staude Endiviensalat
2 Frühlingszwiebeln
3 EL Sonnenblumenöl
4 EL Estragonessig
1 EL Akazienhonig
1 TL mittelscharfer Senf
1 Msp. Meerrettich
Pfeffer, Salz

Extratipp

Sie können ein Drittel des Emmentalers durch Romadur ersetzen.

1 In einem großen Topf Wasser zum Kochen bringen. Mehl, Eier und Salz mit dem Kochlöffel von der Mitte aus verrühren. Nach und nach $^{3}/_{8}$ Liter kaltes Wasser zugeben. Je »flüssiger« der Teig, desto länger werden die Spätzle.

2 Die Zwiebeln abziehen und in Ringe schneiden. Das Öl erhitzen und die Zwiebeln darin unter Rühren goldgelb rösten, warm stellen.

3 Das Spätzlewasser salzen. Den Backofen auf 75 °C (Umluft 50 °C, Gas Stufe 1) vorheizen. Eine feuerfeste Form in den Ofen stellen.

4 Mit einem Spätzlehobel den Teig portionsweise ins kochende Wasser reiben. Jeweils einmal aufwallen lassen, die Spätzle mit dem Schaumlöffel herausheben und direkt in die warm gestellte Form geben. Lagenweise den geriebenen Käse dazwischen streuen. Zugedeckt ziehen lassen.

5 Von dem Endiviensalat den Strunk ausschneiden, den Salat in feine Streifen schneiden, waschen. Die Frühlingszwiebeln putzen und in feine Ringe schneiden.

6 Öl, Essig, Honig, Senf, Meerrettich, Pfeffer und Salz mit einer Gabel verquirlen, die Frühlingszwiebeln dazugeben.

7 Den Salat mit dem Dressing vermengen. Die Spätzle aus dem Ofen holen, die gerösteten Zwiebel darauf verteilen und servieren.

Grüner Kefir (Foto unten)

Zwischenmahlzeit

Zubereitungszeit: ca. 10 Minuten

150 ml fettarmer Kefir	*1 TL Honig*
2 Kiwis	*1 EL Hefeflocken*

1. Die Kiwis schälen und vierteln, dabei den weißen Strunk entfernen. Die Kiwiviertel zusammen mit dem Honig und dem gut gekühlten Kefir im Mixer pürieren.
2. Den Kefirdrink in ein Glas füllen, Hefeflocken darüber streuen und sofort verzehren.

An heißen Sommertagen schmeckt der Drink erfrischender, wenn Sie weniger Kefir verwenden und ihn dafür kurz vor dem Servieren mit Mineralwasser aufgießen.

Muschelsuppe

Abends

Für 4 Personen

Zubereitungszeit: ca. 40 Minuten

2 kg TK-Miesmuscheln
1 Zwiebel
4 Knoblauchzehen
1 TL Olivenöl
$^3/_8$ l trockener Weißwein
5 Stangen Staudensellerie
200 g Karotten
1 EL Kurkuma
Pfeffer, Salz
Saft von 1 Zitrone
1 Vollkornbaguette

1. Die Muscheln waschen, den Bart entfernen, offene Muscheln wegwerfen.
2. Die Zwiebel und den Knoblauch abziehen und in Scheiben schneiden. Das Öl in einem großen Topf erhitzen und die Zwiebel darin glasig dünsten, den Knoblauch zugeben. Die Muscheln zugeben und mit dem Wein aufgießen. Bei geschlossenem Topf 6 bis 8 Minuten kochen lassen.
3. Inzwischen den Sellerie und die Karotten waschen, die Karotten schälen und beides in feine Scheiben schneiden.
4. Die Muscheln mit einem Schaumlöffel herausnehmen und auspulen. Noch geschlossene Muscheln wegwerfen.
5. Den Muschelsud durch ein Sieb in einen kleineren Topf gießen. Mit Kurkuma, Pfeffer und Salz abschmecken. Das vorbereitete Gemüse in die Brühe geben, 5 Minuten bei geschlossenem Topf bei schwacher Hitze kochen lassen.
6. Die Muscheln zugeben, kräftig mit Zitronensaft abschmecken und nochmals erwärmen. Dazu das Vollkornbaguette reichen.

3. Woche – Samstag

Himbeermüsli

Morgens

Zubereitungszeit: ca. 10 Minuten

150 g Magerjoghurt
150 g Himbeeren
5–6 EL kernige Haferflocken

Den Joghurt in einen Suppenteller geben. Die Beeren vorsichtig waschen und verlesen. Unter den Joghurt mischen, die Haferflocken kurz unterheben und gleich verzehren.

Obst

Zwischenmahlzeit

1 Grapefruit

Heute dürfen Sie noch einmal wählen, wann Sie welche Zwischenmahlzeit genießen.

Knusperjoghurt

Zwischenmahlzeit

Zubereitungszeit: ca. 2 Minuten

150 g Magerjoghurt
3 EL Knusperflocken

Den Joghurt mit den Knusperflocken vermengen.

Heute bleibt die Küche kalt!

Zur Belohnung, weil Sie so lange durchgehalten haben, steht heute als Mittag- oder Abendessen ein Besuch in Ihrem Lieblingsrestaurant auf dem Programm. Feiern Sie Ihre neue schlankere Figur!

Gemüsekuchen

Mittags/Abends

Für 4 Personen

Zubereitungszeit: ca. 1 1/2 Stunden

750 g TK-Blattspinat
Salz, Pfeffer
200 g Roggenvollkornmehl
200 g Weizenvollkornmehl
1 Würfel Hefe
1 Pr. Zucker
200 g zimmerwarmer Magerjoghurt
600 g Tomaten
1 Mozzarella
1 Bund Frühlingszwiebeln
Basilikum, Oregano, Muskatnuss

1. Den Blattspinat nach Packungsangabe auftauen, salzen und pfeffern.
2. Das Mehl in eine Schüssel geben, in die Mitte eine Mulde drücken und die Hefe hineinbröckeln. Den Zucker und etwas Salz zugeben und mit etwas lauwarmem Wasser einen Vorteig anrühren. Zugedeckt an einem warmen Ort gehen lassen, bis er doppelt so groß ist. Dann den Joghurt und etwa 75 ml Wasser zugeben. Mit den Knethaken des Handrührgerätes durcharbeiten, bis ein glatter gleichmäßiger Teig entstanden ist, der sich von der Schüssel löst. Eventuell noch Wasser dazu gießen.
3. Den Teig zugedeckt nochmals gehen lassen.
4. Inzwischen die Tomaten waschen, die Stielansätze entfernen und die Früchte in Scheiben schneiden. Den Mozzarella in feine Würfel schneiden. Die Frühlingszwiebeln putzen, waschen und in feine Ringe schneiden. Die Kräuter waschen und fein hacken.
5. Den Backofen auf 220 °C (Umluft 190 °C, Gas Stufe 4–5) vorheizen. Ein Backblech mit Backpapier auslegen.
6. Den Teig auf einem leicht bemehlten Backbrett ausrollen und auf das Blech legen. Die Tomaten schuppenförmig auf den Teig legen, dazwischen den gewürzten Spinat. Die Zwiebeln und den Mozzarella darüber streuen, den Gemüsekuchen würzen und im Backofen 1/2 Stunde backen.

3. Woche – Sonntag

Pikantes Brötchen mit Ei

Morgens

Zubereitungszeit: ca. 10 Minuten

1 Vollkornbrötchen
30 g Gorgonzola
1 TL Honig
1 TL Kräuterfrischkäse
1 Salatblatt
2 Scheiben Gemüsesülze
1 Ei
Kräutersalz
1 Vollkornbrezel

Das Brötchen halbieren, eine Hälfte mit Gorgonzola belegen und mit Honig beträufeln. Die andere Hälfte mit Frischkäse bestreichen, das gewaschene Salatblatt und die Gemüsesülze darauf legen. Das Ei nach Geschmack kochen und mit Kräutersalz bestreuen. Die Vollkornbrezel dazu essen.

Tomatenbaguette (Foto Seite 71)

Zwischenmahlzeit

Zubereitungszeit: ca. 15 Minuten

150 g Tomaten
1 Knoblauchzehe
Salz, Pfeffer
1 TL Olivenöl
3 Scheiben Vollkornbaguette
Basilikum

1. Die Tomaten waschen, die Stielansätze entfernen, das Fruchtfleisch in sehr feine Würfel schneiden und in eine Schüssel geben. Den Knoblauch abziehen, durch die Presse zu den Tomaten drücken. Mit wenig Salz und reichlich Pfeffer abschmecken. Das Öl unterrühren.
2. Das Brot toasten, die Tomaten gleichmäßig darauf verteilen. Mit Basilikumblättern garnieren.

Extratipp

Das Tomatenbaguette ist ein erfrischender Snack an heißen Tagen.

Lammtopf

Mittags

Für 5 Personen

Zubereitungszeit: ca. 2 Stunden

1 kg küchenfertige Lammkeule
2 EL Olivenöl
500 g Tomaten
2 Zwiebeln
700 g Kartoffeln
Pfeffer, Salz
$^{1}/_{8}$ l trockener Rotwein
einige Zweige Rosmarin

Extratipp

Dazu einen gekochten Rote-Bete-Salat oder Rosenkohlgemüse reichen.

1. Den Backofen auf 180 °C (Umluft 160 °C, Gas Stufe 2–3) vorheizen.
2. Die Lammkeule abwaschen und trockentupfen. Das Öl in einem Bräter erhitzen und darin die Lammkeule rundherum kräftig anbraten.
3. Die Tomaten waschen, die Stielansätze entfernen und die Tomaten in dicke Scheiben schneiden. Die Zwiebeln abziehen und würfeln. Die Kartoffeln waschen und in dicke Scheiben schneiden.
4. Die Lammkeule aus dem Bräter nehmen, kräftig pfeffern und salzen. Die Zwiebeln in dem Bräter andünsten, mit dem Rotwein ablöschen.
5. Die Kartoffeln im Bräter gleichmäßig verteilen, darauf die Tomaten geben. Pfeffern, salzen und den gewaschenen Rosmarin darüber streuen.
6. Die Lammkeule auf das Gemüse legen und im Backofen etwa 60 bis 70 Minuten braten. Dabei die Keule immer wieder wenden und mit dem Saft begießen.

Gebäck

Zwischenmahlzeit

Vor dem Nachmittagskaffee machen Sie einen Spaziergang und lassen sich anschließend im Café verwöhnen. Zum Beispiel mit 1 Stück gedeckten Apfelkuchen – aber ohne Sahne – oder 1 Stück Obsttorte mit Beerenobst oder 1 Hefeteigschnecke.

Herbstliche Salatplatte

Abends

Für 4 Personen
Zubereitungszeit: ca. 30 Minuten

500 g Blumenkohl
500 g Brokkoli
250 g Karotten
200 g TK-Erbsen
je 1 Bund Petersilie und Schnittlauch
etwas Zitronenmelisse
250 g Magerjoghurt
3 EL Kräuteressig
1 EL Akazienhonig
1 TL mittelscharfer Senf
Pfeffer
äußere Blätter eines Kopfsalates

1. Den Blumenkohl und den Brokkoli waschen. Die Karotten schälen. Das Gemüse im Dampfdrucktopf mit zwei Locheinsätzen aufeinander bissfest garen. Herausnehmen, abschrecken und auskühlen lassen.
2. Inzwischen die Erbsen nach Packungsangabe garen, abschrecken und auskühlen lassen.
3. Die Kräuter waschen, trockenschwenken und fein hacken. Den Joghurt mit den gehackten Kräutern, dem Essig, dem Honig und dem Senf mit einem Schneebesen gut verrühren, mit Pfeffer abschmecken.
4. Die Salatblätter waschen und auf einer Platte auslegen. Das erkaltete Gemüse darauf anrichten. Das Dressing über das Gemüse gießen oder extra dazu reichen.

Tageweise entschlacken

Wenn Sie mal wieder frustriert feststellen, dass ein paar Pfund weniger Ihnen ganz gut täten, dann sind unsere Entschlackungstage genau richtig. Essen Sie sich einfach an einem Tag in der Woche mit Genuss ein bisschen schlanker.

Dieser Tag gehört nur mir!

Am meisten kneift es nach einem langen Winter, nach den Festtagen oder nach der letzten Schokoladen-Frust-Phase. Dann ist es höchste Zeit für einen unserer Entschlackungstage. Auch ein Tag aus den Rezeptvorschlägen der Wochenend- oder der 3-Wochen-Diät eignet sich hervorragend dafür. Verbinden Sie einen solchen Tag mit einem Wohlfühlprogramm für Ihre Seele – lesen, faulenzen, baden – tun Sie einfach, worauf Sie Lust haben.

Der Safttag – Obst und Gemüse flüssig genießen

Für diesen Entschlackungstag müssen Sie wirklich faulenzen können. Vermeiden Sie jede körperliche und geistige Anstrengung. Denn am Safttag gibt es nichts zu essen. Zu trinken gibt es Mineralwasser so viel Sie möchten, dazu 1 Liter Obst- oder Gemüsesaft. Trinken Sie über den Tag verteilt in kleinen Mengen:

- 5-mal 200 ml ungesüßten Obst- oder Gemüsesaft oder
- 5-mal 200 ml frischen Apfel-Möhrensaft oder
- 5-mal 200 ml frischen Orangensaft oder
- 5-mal 200 ml frischen Sellerie-Apfelsaft oder
- 5-mal 200 ml frischen Tomatensaft.

Frisch aus der Presse

Eine elektrische Saftpresse erleichtert die Arbeit. Den Saft aber immer frisch gepresst trinken – nicht den ganzen Tagesvorrat auf einmal pressen. Vitamine gehen sonst verloren.

Der Früchtetag – Schlemmen aus dem Obstgarten

Bei unserem Früchtetag dürfen Sie Mineralwasser und ungesüßten Tee in unbegrenzter Menge trinken. Dazu essen Sie über den Tag verteilt 1,5 bis 2 Kilogramm frisches Obst – roh oder gedünstet. Außer Bananen und Avocados ist alles erlaubt.

Der Reistag – Entschlacken à la Chinoise

An diesem Entschlackungstag trinken Sie Mineralwasser so viel Sie mögen. Dazu essen Sie über den Tag verteilt 250 Gramm ungeschälten, gekochten Reis. Wer mag, mischt unter den Reis gedünstete ungezuckerte Apfelspalten oder macht sich einen Zimtreis.

Entschlacken 1× pro Woche

Öfter als einmal pro Woche sollten Sie sich so einen Tag nicht auferlegen – dafür aber regelmäßig. Dann werden Sie mit Ihrer Figur zufrieden sein!

Der Frühlingstag – Schwelgen in frischem Gemüse

Holen Sie sich einen Tag lang den Frühling ins Haus – mit leichten frischen Gerichten, die beim Entschlacken helfen. Dazu trinken Sie Mineralwasser, so viel Sie mögen. Verwöhnen Sie Ihre Seele gleich mit – mit einem bunten Frühlingsstrauß.

Kerniger Ananasjoghurt

Morgens

Zubereitungszeit: ca. 15 Minuten

125 g Magerjoghurt
2 Scheiben frische Ananas
2 EL kernige Haferflocken

Den Joghurt in ein Schälchen geben, die gewürfelte Ananas und die Haferflocken darüber streuen.

2 Kiwis

Zwischenmahlzeit

Spargel überbacken

Mittags

Zubereitungszeit: ca. 45 Minuten

1 EL Zitronensaft
Salz
250 g Spargel
3–4 EL Sauerrahm
$^1/_2$ Ei
1–2 EL geriebenen Käse (Magerstufe)
Pfeffer

1. Wasser mit Zitronensaft und Salz zum Kochen bringen.
2. Inzwischen den Spargel vom Kopf aus schälen. Die Stangen ins kochende Wasser geben und 15 bis 20 Minuten garen.

3 Den Backofen auf 220 °C vorheizen. Sauerrahm, Ei und geriebenen Käse verquirlen. Mit Pfeffer abschmecken.
4 Den Spargel aus dem Wasser nehmen, in eine flache Auflaufform legen. Die Sauerrahmmasse über dem Spargel verteilen und etwa 10 Minuten überbacken.

Schnittlauchbrötchen

Zwischenmahlzeit

Zubereitungszeit: ca. 10 Minuten

1/2 Vollkornbrötchen
2 TL Frischkäse
1 EL Schnittlauchröllchen

Das Brötchen mit dem Frischkäse bestreichen und mit Schnittlauchröllchen bestreuen.

Klare Linsensuppe

Abends

Zubereitungszeit: ca. 50 Minuten

60 g Linsen
1 Frühlingszwiebel
1 TL Pflanzenöl
1/2 l Gemüsebrühe
Pfeffer
1 EL Zitronensaft
Salz
1 EL gehackte Petersilie

1 Die Linsen in ein Sieb geben und mit heißem Wasser abbrausen. Die Frühlingszwiebel putzen und in feine Ringe schneiden.
2 Das Öl erhitzen, die Zwiebelringe darin glasig dünsten. Die Linsen einrühren und mit der Gemüsebrühe aufgießen. Die Suppe aufkochen und bei schwacher Hitze knapp 30 Minuten ziehen lassen. Mit Pfeffer, Zitronensaft und Salz abschmecken.
3 Die Petersilie darüber streuen. Dazu schmeckt Vollkornbrot.

Der Vollwerttag – Gut leben mit Vollkorn

Bei diesem Entschlackungstag stehen Vollkorngerichte im Mittelpunkt. Der Clou: sie machen schön satt und durch den hohen Ballaststoffanteil kann der Körper Schlackenstoffe besonders gut ausscheiden. Wichtig: viel trinken – am besten Mineralwasser – damit die Ballaststoffe auch quellen können.

Vollkornbrei mit Sauerkirschen

Morgens

Zubereitungszeit: ca. 25 Minuten

60 ml Magermilch
40 g Vollkornflocken
150 g Sauerkirschen
1 EL Akazienhonig

1. 60 Milliliter Wasser mit der Milch erwärmen, die Flocken einrühren, aufkochen lassen und 10 bis 15 Minuten bei schwacher Hitze kochen, dabei immer wieder umrühren.
2. Inzwischen die Kirschen waschen und entsteinen.
3. Den Brei vom Herd nehmen, den Honig unterrühren. Mit den Kirschen anrichten.

Fruchtshake

Zwischenmahlzeit

Zubereitungszeit: ca. 10 Minuten

1 Kiwi
1 kleine Banane
100 ml Maracujasaft

- Die Kiwi und die Banane schälen, die Früchte in Stücke schneiden, im Mixer zusammen mit dem Saft pürieren.

Pilzrisotto

Mittags

Zubereitungszeit: ca. 1 Stunde

125 g getrocknete Pfifferlinge oder frische Pilze
1 kleine Zwiebel
1 EL Olivenöl
70 g Naturreis (Rundkorn)
150 ml Gemüsebrühe
Salz, Pfeffer
2 EL geriebener Parmesan

1. Getrocknete Pilze in lauwarmem Wasser quellen lassen. Frische Pilze putzen, mit wenig Butter und Gemüsebrühe andünsten.
2. Die Zwiebel abziehen und fein würfeln. Das Öl erhitzen und die Zwiebel darin glasig dünsten.
3. Den Reis zugeben und kurz mitdünsten. Nach und nach so viel Gemüsebrühe zugeben, dass der Reis bedeckt ist, dabei immer wieder gut umrühren. Die Garzeit beträgt etwa 30 bis 40 Minuten.
4. Kurz bevor der Reis gar ist, die Pilze abgießen und unterrühren. Mit Pfeffer und Salz abschmecken und mit Parmesan bestreuen.

Extratipp !

Dazu schmeckt ein frischer Blattsalat. Die Gemüsebrühe kann in der Menge reduziert und durch einen trockenen Weißwein ersetzt werden.

Zwischenmahlzeit: Genießen Sie beim Nachmittagspäuschen eine Grapefruit.

Bunter Salat mit Vollkornbaguette

Abends

Zubereitungszeit: ca. 25 Minuten

1 Frühlingszwiebel
2 EL Balsamicoessig
2 EL Olivenöl
1 TL Akazienhonig
1 Msp. Kräutersenf
Salz, Pfeffer
1 Tomate
1/2 grüne Paprikaschote
1/2 Salatgurke
1 Vollkorn-Baguettebrötchen

1. Die Frühlingszwiebel putzen und in feine Ringe schneiden.
2. Zwiebelwürfel mit Essig, Öl, Honig, Senf verrühren. Würzen.
3. Die Tomate, den Paprika und die Salatgurke waschen, putzen und in mundgerechte Stücke schneiden.
4. Die Gemüsestücke unter das Dressing heben und sofort verzehren.

Schlank bleiben auf Dauer

Eine gesunde und ausgewogene Ernährung mit vielen frischen Fatburnern in Kombination mit regelmäßiger Bewegung und Ausdauersport sind die beiden Pfeiler unseres Abnehm-Geheimnisses, das ja eigentlich gar keines ist. Halten Sie sich daran und Sie werden bald feststellen: Schlank bleiben ist so einfach!

Bewusst genießen und bewusst einkaufen

Um Ihr Gewicht dauerhaft zu reduzieren, müssen Sie sich schon ein bisschen »anstrengen«: Haben Sie Ihre Ernährungsgewohnheiten erst einmal umgestellt, nehmen Sie auch ab. Treiben Sie dazu noch Sport können Sie das Essen wieder genießen – ohne schlechtes

Gewissen. Eines jedoch müssen Sie ganz gewiss niemals – sich quälen und hungern! Im Gegenteil: Viele Menschen, die auf unsere ausgewogenen Ernährungstipps umsteigen, stellen fest: Sie essen oft mehr als vorher. Aber eben das Richtige! Und das fängt schon bei der richtigen Auswahl der Lebensmittel an.

Die Qual der Wahl

Wir haben es nicht leicht beim Einkauf im Supermarkt: Das übergroße und abwechslungsreiche Lebensmittelangebot macht es uns schwer, die richtige Auswahl für eine gesunde Ernährung zu treffen. Es gibt ein paar Tricks, die Ihnen den Einkauf erleichtern:

- Machen Sie – zumindest in den ersten Wochen – einen Tages- oder Wochenplan für die Gerichte, die Sie kochen wollen. So sorgen Sie für Abwechslung und sehen, was Sie vielleicht früher »falsch« gemacht haben. Halten Sie sich an Ihren Einkaufszettel.
- Gehen Sie nicht hungrig einkaufen! Sonst fallen Sie nur auf verlockende Angebote aus dem Kühl- oder Süßigkeitenregal herein.
- Greifen Sie auch bei saisonalen Sonderangeboten zu, mit denen Sie Ihren Speisezettel variieren können.
- Kaufen Sie nur ganz frisches Obst und Gemüse. Es sollte keine braunen Stellen oder welke Blätter haben.
- Achten Sie bei Gefriergut darauf, dass kein Gefrierbrand an den einzelnen Teilen ist. Schauen Sie sich auch die Gefriertruhe im Geschäft gut an: Ist sie sauber? Kühlt sie gut? Wenn nicht – Finger weg!
- Überprüfen Sie bei Fertiggerichten und Konserven die Inhaltsstoffe: Oft enthalten Fertiggerichte sehr viel Salz, immer viele Konservierungs-, Farbstoffe und andere Zusätze, dafür nur wenig Vitamine und Mineralstoffe. Fertiggerichte sollten immer nur Ergänzung sein und nie als Hauptnahrungsmittel dienen!
- Greifen Sie bei Brot stets zu Vollkornprodukten. Sie enthalten wesentlich mehr Nährstoffe und Mineralien als Weißbrot.
- Lesen Sie bei Milchprodukten – wie Jogurt- und Quarkzubereitungen – die Inhaltsstoffe genau durch. Oft sind Farbstoffe und zu viel Zucker enthalten.

Nicht aus der Tüte

Lassen Sie fertig geschnittenen und abgepackten Salat links liegen! Vitamine sind licht- und sauerstoffempfindlich. Bis Sie solchen Salat zu Hause essen, ist sein Vitamingehalt gleich Null!

Vollkorn = volles Korn?

Vollkornbrötchen müssen laut Gesetz lediglich 30 Prozent Vollkornmehl enthalten, Vollkornbrot hingegen 90 Prozent. Fazit: Kaufen Sie lieber Vollkornbrot – es ist gesünder und wertvoller! Kaufen Sie Brotsorten geschnitten und frieren Sie sie portionsweise ein.

Die Pyramide hilft beim Lebensmitteleinkauf

Das Grundprinzip einer gesunden Ernährung besteht darin, aus dem vorhandenen Nahrungsmittelangebot eine sinnvolle Auswahl zu treffen. Die Lebensmittelpyramide hilft uns dabei als Eselsbrücke.

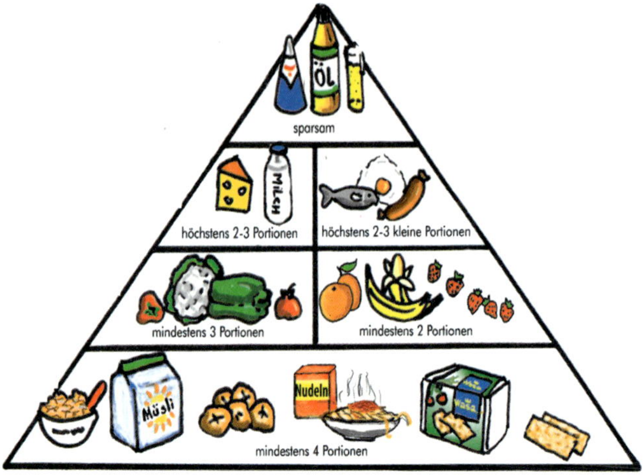

Quelle: Verein zur Förderung der gesunden Ernährung und Diätetik (VFED) e.V., Aachen

Die richtige Auswahl macht's, wenn es um den Einkauf unserer Nahrung geht! Das wissen Sie ja schon. Bevor Sie aber jetzt lange Listen auswendig lernen, was Sie dürfen und was nicht, stellen Sie sich die Lebensmittel lieber in einer Pyramide vor. Dieses Prinzip hat sich zur besseren Veranschaulichung der Gewichtung der einzelnen Lebensmittelgruppen sehr gut bewährt. Sie sehen auf dem ersten Blick, welche Lebensmittel Ihnen gut tun und wie Sie eher kürzer treten sollten.

Die Lebensmittelpyramide baut sich aus mehreren Stufen und »Schubladen« auf, in die sich jedes Lebensmittel »einräumen« lässt. Grob gesagt gilt: Je weiter oben das Lebensmittel in der Pyramide eingestuft ist, desto weniger sollten Sie davon zu sich nehmen.

• Der Sockel, sozusagen das Erdgeschoss der Pyramide, besteht aus den Grundnahrungsmitteln. Zu ihnen gehören Brot, Getreide, Reis und Nudeln. Sie sind lebenswichtig für unsere Ernährung, und deshalb können wir sie unbedenklich zu uns nehmen – zumindest dann, wenn es sich um naturbelassene bzw. Vollkornprodukte handelt.

• Die beiden Schubfächer des zweiten Stockwerks enthalten Obst und Gemüse. Ohne diese beiden kommen wir nicht über die Runden, liefern sie uns doch wertvolle Vitamine, Mineralstoffe und andere Super-Nährstoffe – also können wir auch hiervon unbedenklich einkaufen. Abwechslung ist dabei wichtig: Denn nicht jede Frucht- und Gemüsesorte liefert gleich viele und gleichartige Nährstoffe.

Der Großteil Ihres täglichen Speiseplans sollte sich aus Nahrungsmitteln der beiden untersten Stockwerke der Lebensmittelpyramide zusammensetzen.

• Im dritten Stockwerk der Lebensmittelpyramide finden wir einerseits Milch und Milchprodukte, andererseits Fleisch, Fisch, Hülsenfrüchte und Nüsse sowie Eier.

Beide Gruppen sollten auf Ihrem Speiseplan nicht zu häufig vertreten sein. Denn: Viele dieser Nahrungsmittel sind cholesterinreich und enthalten zudem ungesunde gesättigte Fettsäuren, sind also beim Abnehmprozess nicht gerade förderlich.

• Im »Penthouse«, also an der Spitze der Pyramide, finden Sie nur ein winziges Fach vor. Darin stehen Fette, Öle und Süßigkeiten. Unser Körper braucht zwar durchaus Fett – aber eben nur in sehr geringer Menge und die Lebensmittel aus dieser Gruppe sollten mit Bedacht ausgewählt sein.

Gegen eine kleine süße Sünde hin und wieder ist jedoch nichts einzuwenden – im Gegenteil: Das stärkt unseren Willen, diese Ernährungsform auch langfristig durchhalten zu können.

Süßen Verlockungen einfach nachgeben

Im Prinzip sind Ihnen also alle Lebensmittel erlaubt – wenn Sie dabei nicht über die Stränge schlagen. Es hat aber keinen Sinn, immer wieder verzweifelt »Nein« zu sagen, wenn Ihre Gelüste nun mal dringend nach Schokolade verlangen. Gönnen Sie sich dann lieber mal ein Stückchen – oder auch einen ganzen Schokoriegel. Sie müssen dann auch kein schlechtes Gewissen haben, denn von einem Stückchen Schokolade bekommen Sie gewiss nicht gleich wieder Übergewicht. Aber: Sie haben Ihre Lust auf Süßes befriedigt, sind jedoch nicht – wie vielleicht früher – einer Heißhungerattacke erlegen.

In den Lebensmitteln aus der dritten Pyramidenstufe und aus der Spitze sind nur wenig lebenswichtige Nährstoffe enthalten. Deshalb sollten sie nicht mehrmals täglich auf Ihrem Speiseplan stehen.

Vorsicht vor »light«-Produkten!

Viele meinen, perfekt auf ihre Linie zu achten, wenn sie zu so genannten »light«-Produkten greifen. Doch »light« ist nicht gleich bedeutend mit fett- oder kalorienarm. Da gibt es »leichten« Orangensaft und »light«-Bier, »light«-Käse und »leichte« Fertiggerichte, sogar Eiscreme und Schokolade gibt's als »light«-Version für die kalorienbewussten Esser. Leider schauen die wenigsten genau aufs Etikett oder vergleichen die dort angegebenen Kalorienwerte mit denen von »normalen« Nahrungsmitteln. Sonst würden sie schnell merken: Oft hat das »light«-Produkt keineswegs weniger Kalorien.

Das Wort »light« oder »leicht« ist weder gesetzlich definiert noch geschützt und kann vielerlei bedeuten: leicht bekömmlich, mit geringem Nährstoffgehalt, kalorienarm, kalorienreduziert, alkoholarm, alkoholreduziert, fettärmer, salzärmer. Erst der genaue Blick aufs Etikett bringt Aufschluss!

Warum »light«-Produkte Appetit auf mehr machen

»Light«-Produkte sättigen meist weniger als »normale« Lebensmittel. Und genau darin liegt die Gefahr: Man isst, um »richtig« satt zu werden, mehr davon. Das kann zu einer größeren Aufnahme an Quellmitteln, Emulgatoren und Süßstoff führen. Das ist nicht besonders gesund – und führt auch nicht automatisch zu einer Gewichtsabnahme. Dazu kommt: Mit »light«-Lebensmitteln lernen Sie nicht, sich ausgewogen zu ernähren. Viele verlassen sich vielmehr darauf, dass »leichte« Kost automatisch für sie gesünder ist. Leider ist diese Annahme falsch: Auch »light«-Produkte enthalten Fette; ein Dessert bleibt immer eine süße Speise – selbst wenn kein Zucker, sondern künstliche Süßstoffe darin enthalten sind.

Wann »light« sinnvoll ist

Nur dann haben Sie ein Nahrungsmittel für »Ihre schlanke Linie« eingekauft, wenn ausdrücklich vermerkt steht:

- Kalorienreduziert (mindestens 40 Prozent weniger Kalorien als ein vergleichbares Produkt) oder fettreduziert (wenigstens 40 Prozent weniger Fett als vergleichbare Nahrungsmittel).
- Kalorienarm (nicht mehr als 50 Kalorien pro 100 g Nahrungsmittel; für Suppen, Getränke und Brühen gilt sogar ein Wert von 20 Kalorien je 100 Milliliter).

10 goldene Regeln für Ihre gute Figur

1. Essen Sie frisches Obst und Gemüse möglichst roh, dann sind noch alle Ballaststoffe, Vitamine und Mineralien enthalten.
2. Bevorzugen Sie Vollkornprodukte und ballaststoffreiche Lebensmittel (z. B. Kartoffeln): Sie liefern Nährstoffe und entschlacken.
3. Greifen Sie zu fettarmen Produkten, vor allem bei Wurst und Käse. Fette Lebensmittel machen fett!
4. Verwenden Sie jodiertes Speisesalz und würzen Sie Ihre Gerichte eher mit Kräutern und frischen Gewürzen. Die sind nicht nur gesünder, sondern unterstreichen den Eigengeschmack der Speisen.
5. Trinken Sie mindestens zwei bis drei Liter täglich. Nur so können die Abbauprodukte des Stoffwechsels ausgeschieden werden.
6. Verzichten Sie möglichst auf Alkohol. Dieser birgt viel »leere« Kalorien. Ab und zu ein Gläschen Wein schadet jedoch nicht.
7. Ernähren Sie sich abwechslungsreich: Eintönige Kost oder gar Fastfood ist nicht nur schädlich, sondern sorgt dafür, dass Ihre überflüssigen Pfunde ganz gewiss nicht auf Dauer verschwinden.
8. Probieren Sie aus, was Ihnen und Ihrer Familie besonders schmeckt. Experimentieren Sie nach Lust und Laune: Erfinden Sie neue Rezepte, neue Gerichte, neue Zusammenstellungen!
9. Haben Sie wieder Spaß am Essen und am Genießen! Ohne dabei ängstlich nach der Kalorientabelle zu schielen.
10. Sie nehmen trotzdem weiter ab – ohne Mühe! Weil Sie sich richtig und ausgewogen ernähren.

Hier stecken viele Fatburner drin

- Obst
- Gemüse, Salate, Rohkost
- Nüsse
- Vollkornprodukte
- Sojaprodukte
- Naturreis
- Eier
- Magermilchprodukte
- Fleisch, Geflügel
- Fisch und Schalentiere

Verzeichnis der Rezepte

Register

Die Autorinnen

Christina Zacker und Sonja Mutter sind Autorinnen des im Midena Verlag erschienen Bestsellers »Fatburner – Das Rezeptebuch«. Christina Zacker arbeitete 15 Jahre lang als Textchefin und Ressortleiterin einer Frauenzeitschrift. Sonja Mutter ist diätetisch geschulte Fachkraft.

Wichtiger Hinweis

Die im Buch veröffentlichten Ratschläge wurden mit größter Sorgfalt von Verfasserinnen und Verlag erarbeitet und geprüft. Eine Garantie kann jedoch nicht übernommen werden. Ebenso ist eine Haftung der Verfasserinnen bzw. des Verlages und seiner Beauftragten für Personen-, Sach- oder Vermögensschäden ausgeschlossen.

Bildnachweis

Umschlagfoto: IFA/Jacques Alexandre
Fotos: Bavaria/VCL S. 6, 30/TCL S. 120; Achim Käflein S. 24, 33, 38, 43, 45, 49, 59, 61, 63, 71, 83, 87, 91, 97, 103, 107; Gerhard Poggenpohl S. 65; The Stock Market/Paul Steel S. 12/Michael Keller S. 18; zefa/Westhill S. 114

Impressum

Die Deutsche Bibliothek – CIP-Einheitsaufnahme
Ein Titeldatensatz für diese Publikation ist bei Der Deutschen Bibliothek erhältlich.

Midena Verlag, München 2000

Projektleitung: Dr. Silke Bromm
Redaktion: Redaktionsbüro Yvonne Georgi, Langenau/Tamara Rose, Kitzingen
Herstellung: Ina Hochbach
Bildreaktion: Sylvie Busche
Umschlagkonzeption: Kontrapunkt, Kopenhagen
Gesamtlayout: N 2 – Büro für visuelle Kommunikation, München
Satz und Reproduktion: Filmsatz Schröter, München
Printed in Germany

ISBN 3-310-00696-4